Mit sich vertraut sein

DIETER FUNKE

Mit sich vertraut sein

Wege zur Erforschung des Selbst

Bibliografische Information der Deutschen Nationalbibliothek:

Die Deutsche Nationalbibliothek verzeichnet diese Publikation
in der Deutschen Nationalbibliografie; detaillierte bibliografische
Daten sind im Internet über http://dnb.dnb.de abrufbar.

© 2019 Dieter Funke
Herstellung und Verlag:
BoD – Books on Demand, Norderstedt

ISBN: 978-3-7494-8716-5

Inhalt

Vorwort

Die hier vorgetragenen Gedanken sind als Vorträge auf mehreren Workshops, die ich auf Zypern zusammen mit meiner Frau und Kollegin Renate M. Paus durchgeführt habe, entstanden. Da es sich dabei um Impulsvorträge handelt, wird auf ausführliche Begründungen und Literaturverweise verzichtet, um so zu eigenen Assoziationen, Fragen und zum Weiterdenken anzuregen. Ich möchte damit Impulse geben, was Sie als Leserinnen und Leser daraus machen, ist Ihre kreative Leistung.

Lediglich am Schluss nenne ich einige weiterführend und vertiefende eigene Publikationen, in denen sich Hinweise auf weitere Literatur finden. Ich hoffe, dass der Text so lebendig bleibt und unmittelbar anspricht.

Wegen des Vortragscharakters ergeben sich manchmal wiederholende Gedanken, die aber in einem je anderen Zusammenhang stehen. Um sich mit ihren Inhalten auch in der Wiederholung vertraut zu machen, habe ich sie nicht gestrichen, sondern im Text belassen.

Düsseldorf, den 02. September 2019
Dieter Funke

Einleitung

Wege zur Erforschung des Selbst: Spiritualität und Psychotherapie

Als Psychotherapeut bin ich vertraut mit den Wegen, die zur Erforschung des Selbst führen: Verstehen und reflektieren, welche Erfahrungen aus der Vergangenheit, vor allem aus der Kindheit, die Gegenwart prägen und zu Einschränkungen, Symptomen und einem vorübergehenden oder dauerhaften Unglücklichsein führen. Im Laufe der Jahre habe ich es als bereichernd erlebt, neben den psychotherapeutisch-psychoanalytischen Zugängen zum Verständnis des Selbst auch die Wege der spirituellen und weisheitlichen Traditionen der Menschheit zu nutzen, was sich als enorme Bereicherung der psychologischen Zugänge zum Menschen erwiesen hat. Sie fügen dem psychologischen Verständnis eine andere Dimension hinzu, die dann wieder auf die psychotherapeutischen Heilungsprozesse positiv zurückwirkt. Diese Ergänzungen und Erweiterungen beziehen sich vor allem auf Ziele und Werte der psychotherapeutischen Behandlung, die in der Tradition der Psychoanalyse den Einzelnen zu mehr Autonomie und innerer Freiheit verhelfen möchten.

Demgegenüber richtet sich die spirituelle Überlieferung weniger auf Autonomie und Abgrenzung, sondern vielmehr auf die Erfahrung der Verbundenheit mit dem Ganzen und auf das Gewahr-Werden und Erkennen zahlreicher Illusionen, die wir über uns bilden und die die Ursache allen Leidens ist. Als zentralste Illusion gilt der Glaube, dass Getrenntheit und Autonomie die letzte Wirklichkeit sind, die uns bestimmen. Davon wird im weiteren Verlauf noch die Rede sein.

Zuvor möchte ich jedoch einige kritische Fragen ansprechen zu der gewählten Überschrift »Mit sich vertraut sein«.

Mit sich vertraut oder sich fremd sein?

Müsste an die Stelle der Behauptung des Mit-sich-vertraut-Sein derzeit nicht vielmehr die Feststellung treten, dass der Mensch sich im Grund fremd und entfremdet ist? Kann man – gerade als Psychoanalytiker – die Feststellung Freuds, dass der Mensch nicht Herr im eigenen Hause sei, überspringen? Behauptet er doch in Übereinstimmung mit den modernen Neurowissenschaften, dass für unseren Verstand mehr unbewusst als bewusst ist. Offenbar bestimmen unbewusste Kräfte unser Handeln mehr als bewusster Wille und rationales Denken. Wegen dieser verborgenen Mächte ist die Vorstellung, dass der Mensch ein selbstbestimmtes Subjekt seines Handelns sei, eine fragwürdige Annahme. Er ist insofern nicht Herr im eigenen Haus, als er verwickelt ist in die Konflikte von Wunsch und Realität, Begehren und Verbot, von Kontrolle und Vertrauen, von Abhängigkeit und Autonomie. Sind diese Konfliktfelder nicht der Raum, in dem sich der Mensch zurechtfinden muss, dabei immer wieder scheitert und sich letztlich fremd bleibt? Müsste man nicht dem Glauben an das Wissen, dass der Mensch mit sich vertraut ist, die Gewissheit des Sokrates entgegenstellen, der von sich sagt, ich weiß, dass ich nichts weiß?

Neben den inneren Kraftfeldern sind es auch die soziokulturellen Verhältnisse, die den Selbstverlust verursachen. Unsere Gesellschaft fördert mit ihren Konsumzwängen und ihrem Optimierungswahn die oft krankmachende Selbstentfremdung von unseren wahren Bedürfnissen. Sind diese gesellschaftlichen Kräfte nicht so bestimmend, dass die therapeutischen und spirituellen Bemühungen zur Erforschung des Selbst wie eine naive Illusion erscheinen? Man kann dabei an ein bekanntes Wort Adornos denken, dass es kein richtiges Leben im falschen geben kann, eine Frage, die Adorno unter dem Eindruck des faschistischen Terrors in Europa nach dem zweiten Weltkrieg stellte. Ohne die bestimmenden gesellschaftlichen Bedingungen für die Selbstentfremdung zu leugnen, ist es aber sicher keine Alternative, dem nichts entgegen zu setzen. Auch im falschen Leben gibt es Inseln des Richtigen, die nicht ohne Auswirkungen auf das vermeintlich Falsche des Ganzen sind. Vielleicht hat man die Kraft des subjektiven Faktors lange unterschätzt. Genau deswegen möchte ich einige Wege beschreiten, die dieser Tendenz zum Selbstverlust zumindest die Erforschung des Selbst als Insel »richtigen Lebens« entgegenzusetzen hat. Vorab jedoch bedürfen die hier genannten kritischen Fragen einiger Klärungen. Wem dies zu theoretisch erscheint, mag die weitere Einleitung einfach überspringen.

Einige Klärungen

Ich möchte diesen berechtigten und kritischen Fragen den Stachel nicht ziehen, dennoch bedarf es einiger klärender Hinweise.

- Das hier gemeinte Mit-sich-vertraut-Sein leugnet nicht die psychisch und gesellschaftlich bewirkten Entfremdungsprozesse. Vielmehr liegt das Mit-sich-vertraut-Sein – so die Grundannahme der hier präsentierten Vorträge – aller Entfremdung, Zerrissenheit und Konflikthaftigkeit voraus. Weil wir uns nicht selbst geschaffen haben, sondern uns selbst gegeben sind, ist uns vor aller Aktivität und Beziehung zu Menschen und Dingen, vor allem Bemühen um Selbsterkenntnis ein vorgängiges Vertraut-Sein mit sich selbst gegeben. Allerdings gibt es zahlreiche Erfahrungen, die sich wie eine dunkle Wolke über das Gefühl des Mit-sich-vertraut-Seins legen und zur Entfremdung von sich selbst führen. Trotzdem bleibt hinter der Wolke das primäre Sich-Gegeben und Mit-sich-vertraut-Sein erhalten. Es ist nur verdunkelt, nicht aber zerstört oder abwesend.
- Die Behauptung eines ursprünglichen Mit-sich-vertraut-Seins widerspricht nicht der psychoanalytischen Erfahrungen, dass es

nämlich Kräfte in unserem Inneren gibt, die ständige Konflikte mit uns selbst, unseren Idealen, Normen, Werten und Bedürfnissen hervorrufen. Zum Vertraut-Sein mit sich gehört das Wissen, dass es diese Konflikte gibt, aber auch die Überzeugung, dass es vor den Konflikten eine andere, nicht konflikthafte Dimension der Verbundenheit mit dem Sein und dem eigenen Selbst gibt, in der das Mit-sich-vertraut-Sein wurzelt.

- Die westlich-abendländisch geprägten Konzepte vom Menschen und dessen In-der-Welt-Sein – vor allem die Psychoanalyse Freuds – sind geprägt von der emanzipatorischen und aufgeklärten Annahme, dass der Mensch durch Einsicht Befreiung vom Zustand des Gefangenseins in den Konflikten und im Dunkel des Unbewussten erreichen kann. Der Mut, sich der Vernunft zu bedienen, so lautete ja das Motto und die Verheißung der Aufklärung, sollte zum Abstreifen der Fesseln und Ketten der Abhängigkeit und Entfremdung führen und die Subjektivität des Individuums freisetzen. Eine Hoffnung, die sich im Nachhinein bestenfalls zur Hälfte erfüllt hat. Das Projekt der Aufklärung hat sich als ambivalent erwiesen und selbst neue Einseitigkeiten und Abhängigkeiten hervorgebracht, wie z. B. die Überbetonung der Vernunft, der Objektivität, der Reichweite der empirischen Wissenschaften und der Herrschaft des Ich.
- Dadurch, dass die moderne Psychoanalyse das Unbewusste heute anders versteht als Freud, ergeben sich neue Perspektiven für das Mit-sich-vertraut-Sein. *Neben dem Dynamisch-Unbewussten* Freuds geht die Psychoanalyse heute nicht mehr nur von einem auf Verdrängung beruhenden Unbewussten aus, sondern auch von einem prozeduralen, gleichsam impliziten unbewussten »Wissen«, das der Reflexion, dem Denken und der Sprache voraus liegt. Intuitiv weiß der Mensch, was er zu tun hat. Dieses Implizite benennt jene Schicht des Mit-sich-vertraut-Seins, die das Denken und Sprechen unterfüttert.
- Noch ein weiterer Aspekt ist zu nennen. Die Psychoanalyse be-

müht sich um die Instandsetzung des Ichs in seinen Einschränkungen und Beschädigungen. Diese resultieren aus dem Konflikt mit den Gegenspielern des Ichs, den Trieben einerseits und den Beziehungsverhältnissen andererseits. Neben diesem Ich, um das sich Psychotherapie und Psychoanalyse bemühen, gibt es aber noch einen anderen Teil unserer Persönlichkeit: Das Selbst. Mit dem Selbst sind wir mit der Schicht unsers Menschseins verbunden, die vor allen Konflikten und Einschränkungen da war. Dieses Selbst, das präverbal-intuitiv und grenzoffen strukturiert ist, liegt dem Sein näher als dem Bewusstsein. Einer der großen Aufklärer, Karl Marx, hat diesen Satz, dass das Sein das Bewusstsein bestimmt, ebenfalls auf sein Programm geschrieben. Marx aber konnte unter »Sein« nur die materiellen und wirtschaftlichen Verhältnisse verstehen. Er war zu sehr Materialist, als dass er hätte realisieren können, dass es ein anderes, nicht materielles Sein gibt, das alle Objekte hintergründig umgibt. Dieses Sein, so die hier zugrunde liegende Annahme, grundiert die Welt der materiellen Objekte. Unser Selbst ist der Teil unserer Person, der mit diesem hintergründigen Sein in Kontakt steht.

Den Zustand der Entfremdung von sich selbst verstehe ich daher als Ausdruck des Verlustes dieses Vernetzungsaspektes unserer Person. Das Bewusstsein der Verbundenheit mit dem Sein als dem übergeordneten Ganzen droht verloren zu gehen. Wer nur mit seinem Ich identifiziert ist, unterwirft sich dem Bewusstsein der Getrenntheit vom Sein und findet nicht zu einem vorgängigen Verbunden-Sein mit dem Ganzen. Um diese Verbindung geht es in den folgenden fünf Schritten zur Erforschung des Selbst.

Im ersten Teil werde ich den spirituell-weisheitlichen Aspekt, wie er vor allem in der Advaita-Vedanta-Lehre Altindiens (=Nicht-Zweiheit als Vollendung des Wissens) gelehrt wird, zur Erforschung des Selbst in vier Kapiteln in den Vordergrund stellen. Um den Werkstatt-Charakter der Erforschung des Selbst sichtbar zu machen, werden auch einige Meditationen eingefügt, die den ganzen Prozess im Kurs täglich begleiteten. Sie sind eine Einladung, es mit dieser vielleicht intensivsten Form des Bei-sich-Seins und des Sich-selbst-Überschreitens, zu probieren und damit eigene Erfahrungen zu machen. Überhaupt sollte nur das durch die eigene Erfahrung Geprüfte zum Repertoire für den Umgang mit sich selbst gehören. Glauben Sie, liebe Leserin und lieber Leser, nichts, sondern vertrauen Sie nur dem, was Sie durch Ihre Erfahrung überprüft haben.

Im fünften Kapitel geht es dann um den psychotherapeutischen Zugang zum Selbst, dargestellt entlang der Frage, wie ein Mensch zur inneren Versöhnung finden kann angesichts der vielfältigen Verletzungen, Kränkungen, Beschädigungen und hemmenden Lebenserfahrungen, denen jeder mehr oder weniger stark ausgesetzt ist. Beide Zugangswege zum Selbst, der spirituelle und der psychotherapeutische, verstehen sich als gegenpolige Ergänzung, und weniger als sich widersprechende oder gar sich ausschließende Ansätze. Beide Wege in eine gegenpolige Beziehung zu bringen, birgt aber auch die Gefahr und Versuchung in sich, beides zu vermischen und den je eigenen Zugang von Psychotherapie und Spiritualität aus dem Auge zu verlieren. Diese Gefahr soll hier zumindest genannt werden, um vor zu schnellen Vermischungen zu warnen, die dann das je Eigene von Psychotherapie und Spiritualität verblassen lassen *würde*. Freilich existieren beide Wege in der inneren Erfahrung des Einzelnen vermischt nebeneinander.

1. Dem Selbst auf der Spur

Wer mit sich selbst vertraut sein und bei sich ankommen will, hat schon den wichtigsten Schritt zum Ankommen unternommen, wenn er realisiert, dass er immer schon da ist, wo er hinwill. Wir können gar nicht anders als bei uns zu sein, nur fehlt uns oft das Bewusstsein davon. Auch wenn wir uns manchmal fremd fühlen mit uns selbst, so sind wir es doch selbst, die dies empfinden. Dies wahrzunehmen wäre eine Form des Bei-sich-Seins. Was uns davon abhält, zu realisieren, dass wir schon da sind, wo wir hinwollen, ist also ein mentales Problem: Wir glauben z. B., dass das Gefühl des Sich-fremd-Seins von äußeren Faktoren wie Umgebung, Menschen, Arbeit usw. abhängt und realisieren nicht, dass wir es selbst erzeugen und auf diese Umstände projizieren.

Diese mentale Erzeugung innerer Zustände lässt sich gut an der Einstellung zur Gegenwart verdeutlichen, auf die später noch ausführlicher eingegangen wird. Hier nur so viel: Wir glauben, dass es eine Vergangenheit oder eine Zukunft gibt, die sich von der Gegenwart unterscheiden. Diese Unterscheidung existiert aber nur in unseren Gedanken, in Wirklichkeit gibt es nur das Jetzt der Gegenwart. Nur mental verlassen wir dieses Jetzt und sind entweder mit der Vergangenheit beschäftigt oder grübeln über die Zukunft nach. Die Gedanken führen uns aus der Gegenwart des Augenblicks. Wenn wir jedoch den inneren Scheinwerfer von den Gedanken weg hin auf das Erleben der Gegenwart richten, aktivieren wir unser Selbst, das sich von unseren Gedanken unterscheidet. Man könnte sagen, das Selbst und das Jetzt sind identisch, beide kennen keine Vergangenheit und keine Zukunft im Sinne der ablaufenden physikalischen Zeit.

Alles, was wir für Vergangenheit halten, war einmal ein Jetzt und alles, was wir Zukunft nennen, wird einmal ein Jetzt sein. Natürlich ist die ablaufende äußere Zeit für unsere Orientierung und soziale

Verständigung wichtig, aber die in Vergangenheit, Gegenwart und Zukunft eingeteilte zeitliche Wirklichkeit ist nur ein Aspekt unseres Erlebens. Wenn wir aber ausschließlich mit diesen Aspekten identifiziert bleiben, verfehlen wir einen wichtigen Zugang zu unserem Selbst.

Wenn Selbst und Jetzt identisch sind, dann heißt Mit-sich-vertraut-Sein und Bei-sich-selbst-Ankommen, die Hindernisse zu beseitigen, die der Gegenwärtigkeit des Augenblicks im Wege stehen. Verweilen wir einen Moment bei diesen Hindernissen, die uns dem Jetzt und dem Selbst entfremden.

Ein ursprüngliches, gleichsam angeborenes Mit-sich-vertraut-Sein wird im Laufe der Lebensgeschichte vielfach überschattet durch die Anpassung an äußere Sachzwänge oder an Erwartungen anderer. Über verschiedene Wege wie Meditation, Selbstbeobachtung und Auflösen der Anhaftung an Selbstkonzepte kann das ursprüngliche Mit-sich-vertraut-Sein wiedergefunden werden. Diese Beheimatung im eigenen Selbst bildet auch die Grundlage für entspannte und befriedigende Beziehungen zur Außenwelt, zum Partner und zu anderen Menschen.

Der Weg zum ursprünglichen und primären Mit-sich-vertraut-Sein führt *über* das Bewusstwerden der Gegenwart. Beim Mit-sich-vertraut-Sein ist das wichtigste Wort das kleine Hilfsverb »sein«. Es deutet darauf hin, dass wir dieses Vertraut-Sein mit sich selbst nicht erst lernen müssen, sondern dass es bereits in uns grundgelegt ist, wenn auch oft verschüttet. Trotz aller Prägung oder Verformung durch Erziehung, Kultur, Partnerschaften und Beruf gibt es einen Kern in uns, der sich aller Prägung durch andere entzieht. Es ist unser Kern-Selbst, welches wir als gleichsam angeborene Mitgift mitbringen, wenn wir die Bühne der Welt betreten.

Kern-Selbst

Dieses Kern-Selbst verortet der amerikanische Neurologe Antonio R. Damasio in einem dreistufigen Selbstmodell, welches aus dem Protoselbst, dem Kernselbst und dem autobiographischen Selbst zusammengefügt ist. Die unterste Bewusstseinsstufe, das Protoselbst, ist im Hirnstamm lokalisiert. Eine Störung in dieser Region führt zu Bewusstseinsverlust. Das Kernselbst als nächst höhere Verarbeitungsebene wird durch Hirnstrukturen gebildet, die tief im Inneren des Gehirns im subcortikalen und limbischen Bereich verankert sind. Ihm entspricht ein Kernbewusstsein, welches für die Produktion eines einheitlichen und kontinuierlichen Selbst sorgt. Das autobiographische Selbst, die dritte Stufe, umfasst die Rindenfelder des Neocortex und den Hippocampus und sorgt dafür, dass sich das Ich mit den Ereignissen seines Lebenslaufes identifizieren kann und somit ein Identitätsgefühl erhalten bleibt. Demgegenüber ist im Kernselbst die Gewissheit eingeschrieben, dass es etwas Unzerstörbares gibt, das auch durch traumatische Erfahrungen nicht zerstört wird.

Dieser Kern in uns ist deshalb so kostbar, weil er durch keine äußere Beeinflussung oder Gewalt zerstört werden kann. In ihm gründet auch die Fähigkeit zur Resilienz, also die Möglichkeit, trotz widriger äußerer Umstände oder erlittener Traumatisierungen unbeschädigt, heil und ganz zu bleiben.

Annäherungen an das Selbst

Dieses Kern-Selbst ist aber nicht einfach mit der genetischen Ausstattung gleichzusetzen, die wir mit auf die Welt bringen. Auch die Genetik ist eingebunden in frühe Austausch- in Interaktionsprozesse zwischen Embryo, Fötus und Säugling mit der jeweiligen, auch vorgeburtlichen Umwelt. Diese Beziehungen entscheiden darüber, welcher Teil des breit angelegten genetischen Materials verwirklicht wird. Unser Kern-Selbst enthält also die frühesten Kommunikationsprozesse, wie sie zwischen dem Ungeborenen und dem mütterlichen Organismus ablaufen. Vor allem der Grundrhythmus, der sich über den Herzschlag der Mutter in den frühen kindlichen Körper vermittelt, bildet eine Grundschicht des Kern-Selbst. Deshalb benötigen wir im späteren Leben die rhythmische Wiederkehr immer gleicher Abläufe, wie sie in Alltagsritualen vollzogen werden wie Aufräumen, Körperpflege, Nahrungsaufnahme usw.

Unser Kern-Selbst, in dem das Vertraut-Sein mit sich selbst gründet, enthält auch ein implizites unbewusstes Wissen, dass sich dem rationalen Denken entzieht. Diese Art von Wissen steht uns nach Art einer Intuition zur Verfügung, ohne dass wir bewusst über seinen Inhalt nachdenken. Es ist wie mit dem Tausendfüßler, der, als er gefragt wurde, wie er es schaffe, all seine Füße gleichmäßig zu bewegen, plötzlich nicht mehr gehen konnte. Es handelt sich also um ein implizites Wissen, das präreflexiv ist und der Sprache und dem bewussten Denken gleichsam vorgelagert ist. Darin unterscheidet es sich vom expliziten, bewussten Wissen, in dem die Gesetze der traditionellen Logik gelten.

Intuition und implizites Wissen

Wegen dieser Art von »unbewusstem« Wissen könnte man auch sagen, dass wir immer mehr wissen, als wir glauben zu wissen. In der Psychoanalyse wird dieses Wissen auch als »prozedurales Unbewusstes« bezeichnet, ein Begriff, der aussagt, dass sich dieses Wissen nicht auf Inhalte, sondern auf Prozeduren, Vorgänge und Prozesse bezieht, also auf den performativen Aspekt einer Handlung. Dieses prozedurale Wissen sorgt dafür, dass wir z. B. in einer dichten Menschenmenge wie einer Fußgängerzone nicht ständig mit anderen zusammenstoßen.

Dieses implizite Wissen als Teil unseres Kern-Selbst ist uns nicht direkt zugänglich, wir können nur auf es schließen durch die Auswirkungen, die es hat. So vermittelt es uns in besonders schwierigen Situationen ein Gefühl des Mit-sich-vertraut-Seins, es verleiht uns eine Ur-Sicherheit, dass unser Denken und Fühlen richtig sind und wir uns darin geschützt und sicher fühlen können. Überlagert wird dieser Kern unserer Person von Prägungen und Formungen, die wir im Austausch mit der Welt erfahren. Diese Prägung beginnt in dem Moment, in dem wir den schützenden Raum der vorgeburtlichen Höhle verlassen haben und der Welt mit ihren Befriedigungen und ihren Mangelerfahrungen ausgesetzt sind. Unsere Erziehung, unsere Sozialisation und kulturelle Prägung erzeugen viele Einseitigkeiten, die, wenn sie ein bestimmtes Maß überschreiten und die Verbindung zu der anderen, gegenpoligen Seite verlieren, uns einseitig und bisweilen krank werden lassen. Wenn uns dies widerfährt, kann es ein Hinweis darauf sein, dass die innere Balance verlorengegangen ist. Für den seelischen Bereich hat die Psychoanalyse die Mechanismen beschrieben, die neurotische Fixierungen, Hemmungen und Blockaden hervorrufen. Und sie hat Wege der Heilung gefunden. Neben diesem therapeutischen Wissen beziehen sich die hier vorgetragenen Überlegungen und Impulse auf die Weisheit der spirituellen Erfahrung der Menschheit.

Aufmerksamkeitsbesetzung

Dazu gehört die Einsicht, dass wir unser Selbst nicht auf direktem Weg erreichen können. Weiterführender ist es, wenn wir versuchen, die Hindernisse zu beseitigen, die sich als Einseitigkeiten, mentale Konzepte, normativen Vorstellungen und kulturelle Prägungen über unser Selbst gelegt haben, ohne dass es deshalb aufgehört hat, da zu sein. Manchmal ist dieses Selbst so überlagert von Gedanken und Konzepten, dass wir nicht einmal mehr eine Ahnung haben von dessen Existenz, obwohl es da ist wie die Sonne hinter den Wolken, auch wenn sie gerade nicht scheint. Einen Weg, diese Wolken wegzuschieben und Blockierungen und Überlagerungen unseres Selbst aufzulösen und zu dem ursprünglichen Vertraut-Sein mit sich zurück zu finden, bietet das Konzept der Aufmerksamkeitsbesetzung. Dieses meint, die inneren Scheinwerfer nicht auf Objekte der Außenwelt zu richten, sondern auf die inneren Vorgänge wie Gedanken, Gefühle und Empfindungen.

So kann jemand, der im Café sitzt und das Treiben auf der Straße beobachtet, seine Aufmerksamkeit auf die Menschen richten und sich fragen: Wo kommen sie her? Was haben sie vor? Wie sind sie gestimmt? usw. Ich kann also die vorbeigehenden Menschen als von mir getrennte »Objekte« beobachten. Dadurch werden sie zu einem von mir selbst unterscheidenden Gegenüber. Ich kann aber auch die Aufmerksamkeit auf mich selbst und den Vorgang meines Beobachtens richten und dabei wahrnehmen, wie sich das anfühlt, die Menschen vorbeigehen zu sehen, ob das Gedanken wachruft, Sehnsüchte weckt oder Erinnerungen freisetzt. Wenn ich die Aufmerksamkeit auf mich selbst richte, kann ich entscheiden, welchen Wahrnehmungen ich Raum schenken möchte und welche ich wieder loslasse.

Meditation

Ein Weg zur Aktivierung der Aufmerksamkeit auf innere Vorgänge und damit auf die Erforschung des Selbst ist die Meditation. Am besten sie probieren es sofort aus.

Sitze aufrecht, auf Kissen, Hocker oder Stuhl, je nach Bedürfnissen. Richte den Oberkörper aufrecht und ein lass ihn einen Moment pendeln, bis du eine aufrechte Position gefunden hast. Stell dir vor, auf dem Scheitelpunkt deines Kopfes ist ein Seil angebracht, das an der Decke befestigt ist und dich leicht

*nach oben zieht. Schließe die Augen oder richte die halb ge-
öffneten Augen auf einen festen Punkt vor dir auf dem Boden oder auf die Wand gegenüber. Lege die Hände in deinem
Schoß ineinander oder auf die Oberschenkel, wobei die Hand-
flächen nach oben zeigen und sich Daumen und Zeigefinger zu
einem Kreis verbinden. Richte jetzt deine Aufmerksamkeit auf
deinen Atem: einatmen, ausatmen, verweilen. Kehr mit deiner
Aufmerksamkeit immer wieder auf diesen Dreierrhythmus des
Atmens zurück. Wenn dich Gedanken und Gefühle beschäftigen, bewerte sie nicht. Beobachte sie nur und lass sie wieder
vorbeiziehen wie Wolken über dir, die kommen und gehen.
Verfahre ebenso, wenn du in deinem Körper Spannung, Druck,
Ziehen oder Schmerzen empfindest. Schenke diesen Stellen
in deinem Körper kurz deine Aufmerksamkeit und dann kehre
zur Beobachtung deines Atmens zurück.*

In einer solchen Meditation geschieht dieser Wechsel von den Ob-
jektbesetzungen zur Aufmerksamkeitsbesetzung auf das eigene
Selbst hin. Dieser Wechsel ermöglicht es, mehr bei sich selbst zu
sein und weniger außen bei einem Objekt. Vor allen in Partnerschaften erweist sich dieser Wechsel der Aufmerksamkeit als sehr
hilfreich: Anstatt mir Gedanken zu machen, was mit dem anderen
ist, kann ich ihm sagen, was ich denke und empfinde. Die Gedanken
über den anderen sind meist doch nur Projektionen eigener Wünsche oder Ängste. Wenn beide Partner ihre Aufmerksamkeit mehr
auf sich richten, wird die Beziehung authentischer, weil keiner mehr
das Gefühl hat, vom anderen für seine Bedürfnisse oder Sichtweisen benutzt zu werden. Jeder fühlt sich anerkannter, weil es zwei
innerlich getrennte Individuen sind, die miteinander im Kontakt sind.

Die Aufmerksamkeitsbesetzung auf das eigene Selbst statt auf
andere zu richten, ist also keineswegs mit narzisstischer Selbstbe-
zogenheit zu verwechseln, im Gegenteil: Je mehr ich bei mir bin,
desto unverzerrter kann ich den Anderen als anderen wahrnehmen.

Damit erweist sich die Beobachtung des eigenen Selbst als eine für soziale Beziehungen hilfreiche Methode.

Die Aufmerksamkeitsbesetzung kann sich auf drei Aspekte des eigenen Selbst beziehen:

- auf den Körper,
- auf die Gefühle,
- auf die Gedanken.

Die Aufmerksamkeitsbesetzung auf den Körper zu beziehen, ist eine besondere Herausforderung. Denn einerseits haben wir einen Körper und können ihn als gegenüber, wie ein Objekt erleben, andererseits sind wir Körper und empfinden ihn als Teil unseres Selbst. Dieser mit unserem subjektiven Erleben verbundene Körper nennen wir den Leib: der beseelte Körper, der nicht ein Gegenüber bildet, sondern der mit unserem Fühlen und Empfinden verbunden ist. Während unserer Körper unserer Kontrolle unterliegt, ist uns der Leib gegeben: als Wohlgefühl, als Schmerz, als Spannung, als gesund oder krank, leidend oder genießend.

Vom Körper-haben zum Leib-sein

Dieses Gefühl für das Gegeben-Sein unserer leiblichen Existenz ist heute weitgehend verloren gegangen. Viele Menschen sind weniger Leib und erleben ihren Körper deshalb mehr als ein Objekt, *über* das man verfügen kann. Ohne Zweifel hat die Verfügbarkeit über unseren Körper große Vorteile, etwas was z. B. die Behandlungen von Krankheiten oder die Pflege des Körpers angeht. Aber die Gefahr ist eben auch, dass wir unseren Körper von uns selbst abspalten und ihn zu einem vom Selbst getrenntem Objekt machen.

Diese beiden Formen der Körperwahrnehmung ergeben sich aus der eigentümlichen Doppelposition, die wir unserem Körper gegenüber einnehmen. Einerseits »sind« wir unser Körper, andererseits »haben« wir ihn und erleben ihn als ein Gegenüber. Man könnte auch sagen, der Körper ist Teil unserer natürlichen Beschaffenheit und zugleich machen wir ihn durch Gestaltung zu etwas, was die Natur übersteigt. Dadurch wird der Körper Teil der Kultur. Im Körper treffen beide Welten – Natur und Kultur – zusammen. Weil wir Menschen wenig durch Instinkte gesteuert sind, sehen wir uns in der Lage, den natürlichen Körper, also die Natur, zu gestalten und zu formen, um ihn so zu einem bewussten Teil von uns und damit zu unserer persönlichen Kultur zu machen.

Dass Menschen ihren Körper nicht einfach als Teil von sich selbst hinnehmen, sondern ihn als ein Gegenüber gestalten und formen, lässt sich in allen Kulturen und zu allen Zeiten feststellen. Menschen geben sich nicht einfach mit ihrem natürlichen Körper zufrieden, sondern verwandeln ihn durch Gestaltung und Verschönerung zu einem »Leib«, einem kulturell geformten Körper, der so zu einem Gestaltungsprojekt wird. Kunst am Körper wie Schmuck und Mode verstärken diese Tendenz zur Ästhetisierung des Körpers. Dabei besteht die Gefahr, dass der Körper zur Projektionsfläche für die Ideale des Perfekten und Vollkommenen wird mit gleichzeitig schädigender Wirkung. Dies spiegelt sich in der heute aktuellen Stilisierung des Körpers wider: Einerseits haben wir es mit einem boomenden Körperkult zu tun in Fitnessstudios, in der Wellnessbewegung, in Gesundheitsprogrammen, Sport und in der Ästhetisierung des Körpers durch Tattoos, Piercing und Branding, andererseits wird der Körpers zugerichtet durch Zivilisationskrankheiten wie Magersucht, Bulimie und Fast-Food-Ernährung, durch Vergiftung der Körper durch die gesellschaftliche Aufforderung zum Konsum schädlicher Substanzen. Dies mutet an wie eine geradezu masochistische Unterwerfung der Körper unter die Ideologien der Gesundheit und Wellness, unter die Schönheitsideale, die Werbung und die Rituale der Selbstoptimierung. Wie sehr der eigene Körper als Projektionsfläche für die kollektiv propagierten Ideale herhalten muss, wird im Tattooing und Piercing besonders deutlich. In der Gestaltung der Außengrenze des Körpers steht die Phantasie Pate, selber der Schöpfer des Körpers zu sein und ihm – wie bei den Tattoos – ein unauslöschliches Merkmal aufzudrücken, wie das auch in religiösen Ritualen wie Beschneidung und Taufe geschieht, wobei in der Taufe, im Gegensatz zur Beschneidung, das Geschehen von der körperlichen auf die symbolisch-rituelle Ebene gehoben wird.

Der entfremdete Körper als Objekt

Anstatt den Körper zum Objekt zu machen, auf den wir unsere Ängste und Wünsche, unsere Ideale und Entwertungen übertragen, geht es vielmehr darum, den Körper weniger als Objekt zu sehen, sondern als Teil des eigenen Selbst: Ihn also zu beseelen. Dies geschieht durch Aufmerksamkeitsbesetzung auf körperliche Prozesse. Besonders die Meditation ist ein Weg, die Aufmerksamkeit zu trainieren, in dem wir unsere Beobachtung auf den Atem richten, um so Teil dieses basalen Austauschprozesses von innen und außen zu sein. Das Gewahr-Werden solcher körperlicher Austauschprozesse wie das Atmen wirkt der Entfremdung entgegen und führt zur größeren leib-seelischen Einheit.

Diese mediativen Einstellung zu körperlichen Prozessen bildet einen Gegenpol zu der Art, wie unserer Gesundheitssystem dem Körper begegnet: Er wird in seinen von der Norm abweichenden »kranken« Anteilen als Objekt diagnostiziert, das dann von außen »be-handelt« wird, ohne dass unser Selbst daran beteiligt ist. Ein ausgeklügeltes Diagnosesystem für alle Zustände sorgt dafür, dass wir alle Körperempfindungen in die diagnostischen Kategorien hineinzwängen. Die Folge ist, dass wir die Verantwortung für unseren Körper an ein Heer von Spezialisten abgeben und damit die Entfremdung von unserer körperlichen Existenzweise fördern.

Statt bewerten anerkennen, was geschieht: vom Sollen zum Sein

Wenden wir uns nun den beiden anderen Aspekten zu, die den Weg zu unserem Selbst blockieren können: Gedanken und Gefühle. Durch die Aufmerksamkeit für das, was an Gedanken, Gefühlen und Körperempfindungen aufsteigt und durch die nicht bewertende Anerkennung von dem, was wahrgenommen wird, entsteht ein erster Abstand zu eben diesen Gedanken und Gefühlen. Man spricht auch vom inneren Zeugen, der nicht bewertet, sondern nur bezeugt, was geschieht. Diese Haltung des Nicht-Bewertens von Gedanken und Gefühlen kann in der Meditation eingeübt werden.

Meditation:

> *Nimm die Meditationshaltung ein, finde den Rhythmus Deines Atmens und aktiviere die Haltung des inneren Zeugen. Bezeuge alles, was in dir geschieht, ohne es zu bewerten, zu verändern und zu beseitigen. Sei wach und präsent in der Beobachtung dessen, was geschieht. Wenn etwas so stark in dir wird, dass es dich ganz zu besetzten droht, dann kehr zu Deinem Atem zurück und beobachte, wie Du im Körper bist.*

Widerstände beseitigen

Es wurde schon mehrmals erwähnt, dass der Zugang zum Selbst immer nur ein indirekter sein kann. Da das Selbst kein Objekt ist und ihm keine eigene Realität zukommt, kann man ihm sich auf nicht auf dem Weg annähern, wie man sich einem Objekt zuwendet. Das Selbst könnte man am ehesten als einen Zustand bezeichnen, in dem es ein tiefes Verbundenheitsgefühl mit allem gibt und der Zustand der Getrenntheit von der Welt aufgehoben wird. Insofern können wir nur die Hindernisse beseitigen, die sich dem Zustand von Eins- und Verbunden-Sein in den Weg stellen.

Bevor wir uns diesem Zustand weiter zuwenden, möchte ich die Aufmerksamkeit auf eines der hartnäckigsten Hindernisse auf dem Weg zum Selbst richten, und zwar auf unsere Bewertungen. In Erziehung und Sozialisation lernen wir, zwischen richtig und falsch, zwischen gut und schlecht zu unterscheiden. Jeder ist geprägt von einem klaren Wissen, was gut und richtig ist. Dieser innere Bewerter ist aber eine zwiespältige Gestalt: hilfreich und schädlich zugleich.

Hilfreich ist der innere Bewerter deshalb, weil er vor Gefahren warnen kann und uns beschützt. Ohne ihn wären wir immer wieder in die gleichen Bedrohungen ausgeliefert. Wenn das Meer aufgewühlt ist und wir das als gefährlich bewerten, dann ist dies eine konstruktive Funktion für unsere Sicherheit, die uns davor bewahrt, im Meer zu baden. Die Bewertung kann sich aber auch verselbstständigen und zu starren Einstellungen führen gegenüber dem, was geschieht, ohne auf die Umstände, die Situation oder die Angemessenheit unserer Bewertung zu achten. Vor allem die Bewertungen, die sich auf uns selbst beziehen, sind in der Regel nicht hilfreich, weil sie uns sagen, so wie Du bist, bist Du nicht in Ordnung! Sei anders, damit Du gut bist!

Zeuge sein statt bewerten

Der negative innere Bewerter erzeugt Scham- und Schuldgefühle, Angst, Minderwertigkeit und Selbstzweifel, die sich bis zum Selbsthass und zur Verachtung steigern können. Diese innere Instanz ist uns keineswegs angeboren, sie stammt vielmehr aus den Blicken und Reaktionen anderer auf unsere eigene Person hin. Meist gehen diese bewertenden Blicke von den Eltern, von Lehrern oder von anderen wichtigen Menschen aus. Diese missbilligende Reaktion auf unsere Person hin kann sehr groß und mächtig werden und sich wie ein ungezähmter innerer Dämon gebärden, der uns ständig mit seinen Entwertungen verfolgt und bedroht.

Die Feinde des Selbst

Ihre Nahrung bezieht diese innere Bewertungsinstanz von drei Haltungen, die uns im Alltag mehr unbewusst als bewusst prägen: Wollen, Erwarten, Vergleichen. Wenn wir diese Positionen einnehmen, erzeugen wird gleichzeitig Normen, wie etwas sein muss oder wie ich selbst zu sein habe. Sind diese Normen erst einmal installiert, hat es der innere Bewerter leicht, das Selbst zu verurteilen und inneres Unglück zu erzeugen. Schauen wir uns diese Feinde, die das Selbst verdunkeln, Enttäuschung produzieren und unser Vertrauen in unser Erleben untergraben, etwas genauer an.

Wollen

Im realen Leben ist es wichtig, etwas zu wollen, denn ohne das Wollen wären wir den äußeren Umständen und dem Drängen der Natur in uns ausgeliefert. Unser Ich will und braucht das Wollen, z. B. um etwas zu erreichen. Aber unser Selbst verfehlen wir, wenn wir etwas zielorientiert erreichen wollen. Im Wollen besetzten wir das Begehren und willentliche Erreichen mit Aufmerksamkeit und seelischer Energie. Wer entspannt oder im Jetzt sein will, sollte die Fixierung auf das Erreichen-Wollen aufgeben. In der inneren Gerichtetheit auf ein Objekt oder ein Ziel hin sind wir mit diesen von uns getrennten Dingen beschäftigt, es sei denn, es gelingt, die innere Aufmerksamkeit darauf zu richten, wie wir mit Objekten und Zielen beschäftigt sind. Dann hätten wir die Aufmerksamkeitsbesetzung weg vom Objekt und auf das eigene Selbst hingelenkt und wären damit wieder in der Gegenwart. Wer aber nur mit dem Wollen beschäftigt ist, schenkt den Objekten des Wollens seine ganze Aufmerksamkeit. Zur Bewältigung von Alltagsaufgaben ist dies natürliche eine nützliche Haltung, aber für die Aktivierung unseres Selbst führt das Erreichen-Wollen von uns weg, es denn, wir richten die Aufmerksamkeit auf uns selbst als den Subjekten des Wollens.

Etwas wollen bietet sich für unser Ich immer dann an, wenn es sich hilflos oder ohnmächtig fühlt, wenn also die üblichen Bewältigungsmechanismen versagen. Das ist oft der Fall, wenn etwas geschieht, was überraschend daherkommt und nicht geplant ist, ein Zwischenfall, ein Missgeschick, ein Unfall, eine Nachricht oder eine Begegnung. Dann neigen wir dazu, schnell zu handeln, etwas zu »machen«, um den Zustand der Hilflosigkeit und Ohnmacht nicht erleben und aushalten zu müssen. Es ist erwiesen, dass, wenn man zu schnell handelt, meistens das Falsche tut, was der Situation gegenüber nicht hilfreich ist. Weiter führt es, einen Moment nichts zu tun und die Aufmerksamkeit auf das Selbst zu richten. Der Druck nimmt ab und wir sind offener, das Richtige zu tun. Die Steine, die einfach daliegen, enthalten eine hilfreiche Botschaft: Für einen Augenblick sich zu *über*lassen wie ein Stein und nichts zu tun. Diese Haltung führt in der Regel eher zum Ziel als sich in Aktivismus und hektisches Handeln zu verstricken.

Erwarten

So wie der Druck, handeln zu müssen, aus der Gegenwart führt, so verhält es sich auch mit dem Erwarten. In der Erwartung sind wir fixiert auf eine bestimmte Vorstellung, die wir uns von einem Ereignis, einer Person oder einer Sache machen. Wer bestimmte Vorstellungen aufbaut, z. B. wie der nächste Urlaub sein soll, der ist dann mental sehr festgelegt auf diese Erwartungen und wenig offen für Überraschungen und Unvorhergesehenes, die uns ja ständig begleiten. In einer starren Erwartungshaltung nehmen wir nicht mehr wahr, was alles möglich sein Könnte und geschehen kann, wenn wir es zulassen. Erwartungen sind wie Scheuklappen, die einen großen Teil der Chancen des Jetzt ausschließen.

Darüber hinaus bereiten Erwartungen seelische Schmerzen, weil sie regelmäßig Enttäuschungen nach sich ziehen, denn die Realität stimmt nur selten mit der Erwartung überein. Um diese Enttäuschung zu vermeiden, zwingen die Erwartungen uns zu einem bestimmten Verhalten, das nahezu zwanghaft eine zu den Erwartungen passende Situation erzwingen will statt flexibel und situativ zu handeln. So gesehen erzeugen Erwartungen auch überflüssiges Leiden, sie binden unsere Energie und führen uns heraus aus dem Jetzt mit all seinen Möglichkeiten.

Tiefsitzende und grundlegende Erwartungen in unserem seelischen Leben stammen aus einer Zeit, in der wir konfliktfrei und relativ harmonisch gelebt haben, wie in den ersten Lebensjahren, vor- und nachgeburtlich. Aus dieser Zeit stammt die Hoffnung, dass die Welt so ist, wie wir es wünschen. Diese Hoffnung auf Harmonie und Wohlbehagen setzen wir in Erwartungen um. Deshalb ist auch kein Mensch frei ist von Erwartungen. Dies zu akzeptieren führt dann zu einer erwachsenen Haltung den Erwartungen gegenüber, nämlich für diese die Verantwortung zu übernehmen. Verantwortung heißt, dass Risiko zu akzeptieren, wenn sie nicht erfüllt werden, ohne andere dafür anzuklagen. Verantwortung übernehmen heißt dann auch, die mögliche Enttäuschung als selbstgemacht zu erleben, statt sie anderen in die Schuhe zu schieben und diese dafür zuständig zu machen.

Vergleichen

Sich vergleichen ist eine weitere »geeignete« Methode, sich unglücklich zu machen und das eigene Selbst zu verraten. Im Vergleichen ist nicht mehr unser Selbst der Maßstab, sondern der Andere. Das Vergleichen aufgeben setzt voraus, sich einverstanden zu erklären mit dem eigenen Selbst, der eigenen Individualität, dem Schicksal, den Begabungen und Begrenzungen, der Prägung und Herkunft. Das Schädliche am Vergleichen ist die innewohnende Entwertung: Andere haben es meistens besser, sind vom Schicksal begünstigter behandelt worden als wir selbst. Die Rückseite dieses verklärenden Blicks auf andere ist die Entwertung der eigenen Person: man fühlt sich dann weniger gut behandelt vom Leben, fühlt sich schlechter und minderwertiger, weniger wertvoll und nicht liebenswert. Mit dem Vergleichen aufzuhören wäre dann ein erster Schritt, die eigene Person und den eigenen Wert als einmalig erleben zu können und sich darin auch zu zeigen. Im Sich-Zeigen kommt dann das einmalige der eigenen Person ans Licht. Die Folge ist, dass man die anderer als anders, aber nicht als besser oder schlechter erlebt als man selbst. Damit ist dann der Selbstentwertung der Boden entzogen.

Diese drei Haltungen des Nicht-Wollens, Nicht-Erwartens und Nicht-Vergleichens sind natürlich auch vom Wollen bestimmt, aber dieses »Wollen« sollte, wenn es zum Selbst führt, nicht im aktiven, sondern im passiven Modus erfolgen. Das heißt so viel wie die innere Bereitschaft aufzubringen, alles zu akzeptieren, was geschieht, auch wenn die drei genannten Haltungen nicht erreicht werden. Wenn das Aufgeben des Wollens nicht gelingt, ist das in Ordnung, weil wir damit ja das Wollen des Nicht-Wollens aufgegeben haben.

Den inneren Beobachter aktivieren

Den inneren Beobachter zu aktivieren ist ein Weg, den be- und entwertenden Dämon, der alles unter seine Herrschaft bringen will, zu entmachten. Dadurch verhilft uns der innere Beobachter, immer wieder ins Jetzt zurückzukehren und dem, was geschieht, Achtsamkeit entgegen zu bringen. Die Aktivierung dieser Instanz des inneren Beobachters ist eine Fähigkeit, über die wir Menschen als einzige aller Lebewesen verfügen: nämlich etwas zu erleben und unser Erleben gleichzeitig beobachten zu können. Wir stehen nicht nur körperlich, sondern auch mental auf zwei Beinen: auf einem erlebenden und einem beobachtenden. Wir können als einziges von allen Lebewesen gleichzeitig Gedanken und Gefühle haben und dabei simultan beobachten, wie wir diese Gedanken und Gefühle erleben. Ein Beispiel: Wenn sie im Straßenverkehr Ärger und Ungeduld entwickeln haben sie zwei Möglichkeiten: Sie können dem Ärger und der Ungeduld überlassen oder sie können beobachten, wie sie ärgerlich oder ungeduldig werden. Durch diese nach innen gerichtete beobachtende Aufmerksamkeit entsteht ein erster Abstand zu den Gefühlen und Gedanken und sie sind freier, sich auf die jeweilige Situation einzustellen.

Der Beobachter oder der Zeuge in uns ist eine Tätigkeit unseres Ichs, die uns hilft, dem Selbst Raum zu geben. Der innere Zeuge führt uns durch Beobachtung unseres Erlebens zurück in das Jetzt, denn die Beobachtung geschieht ja im gegenwärtigen Moment. Diese beobachtende Haltung bewahrt uns davor, aus dem Jetzt einer Situation hinauskatapultierte zu werden in die Welt der Gedanken und Bewertungen. Wie ist das zu verstehen? Unsere gedanklichen Bewertungen einer Situation führen weg von dem, was in der Situation geschieht. Durch die Bewertung werden dann auch Emotionen aktiviert, die uns ebenfalls aus dem Jetzt herausführen, weil sie es erfordern, uns mit ihnen zu beschäftigen statt mit der Situation, in der wir uns befinden. Ein Beispiel aus dem Alltag: Sie stehen in einer langen Schlange vor der Kasse im Supermarkt. Sie spüren wie sie langsam ungeduldig werden, und weil einer da vorne nicht voran macht, schlägt ihre Ungeduld in Ärger um. Jetzt haben sie zwei Möglichkeiten, sich der Emotion zu überlassen, bis sie wieder abklingt, oder eine Abkürzung zu nehmen, nämlich den inneren Beobachter dazuzuschalten, der nur beobachtet, was gerade geschieht, ohne es zu bewerten. Diese Instanz verhält sich wie ein Zeuge, der nicht deutet und interpretiert, sondern nur seine Wahrnehmung zur Verfügung stellt im Hinblick auf das, was ist. Für den inneren Zeugen ist Ärger nichts Schlechtes. Er nimmt ihn wahr und schafft dadurch Abstand zu ihm. Ähnlich kann man mit Angst umgehen: Statt sie zu bekämpfen – was oft bedeutet, sie zu verstärken – kann man sie beobachten und dadurch ihre Macht einschränken. Dadurch wird die Identifizierung des Ichs mit der Angst gelockert und die Angst wird zu einem Gegenüber, die, wenn man sie nicht festhält, auch wieder gehen kann.

Abstand finden von mentalen Konzepten

Ähnlich kann man auch mit anderen einschränkenden Emotionen verfahren: Durch wohlwollende nicht bewertende Beobachtung kann Ungeduld, Zorn oder Ärger wieder dahin zurückkehren, woher sie gekommen sind. Als Zeuge dessen, was in ihnen geschieht, sind sie nicht mehr mit dem Ärger beschäftigt, sondern erleben die Schlange vor der Kasse vielleicht als Übung, im Jetzt zu sein und die Anhaftung an die Ungeduld aufzulösen. Auch in Beziehungen ist es hilfreich, diese Haltung des inneren Zeugen zu aktivieren, um Abstand zu den Gedanken und Gefühlen zu bekommen. Dadurch kehren sie ins Jetzt und zu sich selbst zurück. Gelingt dies nicht, besteht die Gefahr, in der Beziehung den Anderen als Projektionsfläche eigener Bedürfnisse zu benutzen.

Die Wirksamkeit der nach innen gerichteten Selbstbeobachtung wird auch von den Neurowissenschaften bestätigt. Es gibt ein Netzwerk im Gehirn, das einen Zustand von Ruhe und Entspannung herbeiführt. Dieses »Default Mode Network« (Ruhezustandsnetzwerk) ist dann am aktivsten, wenn jemand die Aufmerksamkeit von der Außenwelt ablenkt und mit Prozessen der Selbstbeobachtung, mit sog. metakognitiven Vorgängen, beschäftigt ist. Dieser Zustand führt auch dazu, dass die Grenzen zwischen Ich und Welt vorübergehend porös und durchlässig werden und das Selbst jenseits dieser Grenzen aktiviert wird.

Der nicht bewertende, auf Selbstbeobachtung gerichtete innere Zeuge führt uns zu unserem Selbst und damit ins Jetzt. Dies ist eine sehr wichtige Bedeutung der Meditation: Sie will durch ständige Beobachtung dessen, was geschieht, eine nicht bewertende Einstellung einüben, um damit ins Jetzt zu gelangen.

Meditation:

> *Begib dich in die Haltung der Meditation. Finde Deinen Atemrhythmus und richte deinen wachen Geist auf alles, was geschieht. Bezeuge, was ist und geschieht: Deine Gedanken, Gefühle und körperlichen Empfindungen. Beobachte alles und fixiere Dich auf nichts. Wenn Gedanken und Gefühle so stark werden, dass du an ihnen haftest, beobachte Deine Anhaftung an diese Gedanken und Gefühle und nehme die Versuchung wahr, daraus einen dir bekannten Film zu machen. Kehre danach zu deinem Atem zurück.*

Eine zentrale Aufgabe des inneren Beobachters besteht darin, die Anhaftung an Gedanken, Gefühle und Körperzustände zu lockern bzw. aufzulösen. Unser Ich ist in gewisser Weise süchtig nach Anhaftung, vor allem an negative Gefühle, weil dies dem Ich Vertrautheit und Stabilität verschafft: Dem Ich ist es lieber, negative Gefühle zu empfinden als gar nichts zu spüren. Das ist der Grund der Anhaftung, die ihrerseits das Loslassen verhindert, um wieder im Jetzt zu sein. Wer sich morgens ärgert über den Straßenverkehr, kann an dem Ärger festhalten, bis er ein geeignetes Objekt findet, an dem er seinen Ärger festmachen und loswerden kann. Die Anhaftung an dieses negative Gefühl aufzulösen durch Bewusstwerdung und innere Beobachtung dient der eigenen Selbstsorge und schützt vor der Fixierung auf negative Emotionen. Das Lösen der Anhaftung ist etwas anderes wie Verdrängung oder Rationalisierung des Ärgers. Der innere Beobachter erlaubt dem Ärger, da zu sein und wieder zu verschwinden. Der Satz, der dabei hilft, heißt: Jetzt ist es so, aber es bleibt nicht so. Dadurch wird die Anhaftung aufgelöst und unser Selbst kann sich zeigen, weil das Ich dafür gesorgt hat, dass der je neue Augenblick seine Chance hat und nicht vorgeprägt ist durch die Anhaftung an eine längst vergangene Szene und alte Emotionen.

Anhaftungen auflösen

Die Anhaftung besteht in Identifizierungen mit bestimmten Merkmalen unserer Person, die sich zu Selbstkonzepten verdichten. Dazu gehört der Name, das Geschlecht, die Rolle in Familie, Partnerschaft und Beruf, körperliche Zustände und scheinbar unverwechselbare Eigenschaften, die unsere Person einmalig und unverwechselbar machen. Diese Selbstkonzepte können so mächtig werden, dass sie sich wie eine Maske über unser Selbst legen und das ursprüngliche Mit-sich-vertraut-Sein überlagern.

Wer aber ist es, der die Anhaftung an Vorstellungen und Konzepte von sich selbst und von anderen auflöst? Machen wir uns bewusst, dass die Auflösung der Anhaftung durch Beobachtung geschieht: In dem wir beobachten, wie wir mit Gedanken beschäftigt sind oder wie Gefühle uns besetzten, finden wir Abstand zu eben diesen Gedanken und Gefühlen. Die Instanz, die beobachtet, ist uns Ich, genauer eine bestimmte Funktion, die uns Ich ausübt. Es ist also das Ich, welches die Anhaftung an ichhafte Vorstellungen von uns selbst aufzulösen hilft und uns dadurch dem Selbst näherbringt. Diesem Ich gebührt Anerkennung für diese Funktion, die es uns zur Verfügung stellt. Um diese Wertschätzung für das Ich das besser zu verstehen, bedarf es einiger Hinweise auf die gegenpolige Beziehung und wechselseitige Ergänzung von Ich und Selbst.

Ist das Ich ein Hindernis auf dem Weg zum Selbst?

Fragen wir zunächst, wie unser Ich entsteht bzw. welche Aufgaben diese Instanz übernimmt. Dabei möchte ich die oft negative Einschätzung des Ich in spirituell-esoterischen Texten, die entwertend vom »Ego« sprechen, ausdrücklich zurückweisen. Das Ich ist nämlich der Teil unserer Person, der auch die einschränkenden Anhaftungen auflöst und den inneren Beobachter aktiviert. Unser Ich besteht zunächst aus wichtigen Funktionen wie Wahrnehmen, Denken, Fühlen, Handeln, Grenzen schließen und öffnen, die für unsere Orientierung in der Welt notwendig sind. Diese Ich-Funktionen sind für das Auflösen der Anhaftung an bestimmte Selbstkonzepte zuständig. Darüber hinaus besteht das Ich aus Identifizierungen, die auf der Verinnerlichung von wichtigen Personen, Beziehungen, Körperzuständen, Emotionen bestehen. Die Art, wie andere uns in der Kindheit gesehen und auf uns reagiert haben, bestimmt unsere Selbstwahrnehmung.

Wer als Kind immer hört, es nicht richtig zu machen, bei dem wird der Zweifel an sich zu seinem Selbstkonzept gehören: »ich bin nichts wert« oder »ich schaffe das nicht«. Wer immer nur fröhlich sein musste, der glaubt später, ein fröhlicher Mensch zu sein und verliert den Kontakt zu seiner gegenpoligen Seite, seiner Traurigkeit. Oder die Bilder, die unsere Eltern von uns als Junge oder Mädchen hatten, fügen sich zu einem Selbstkonzept »Mann« oder »Frau« zusammen. Auch die körperlichen Bemerkungen, die wir über uns gehört haben, wie »zu dünn, zu dick, zu krumm, zu unbeweglich« verdichten sich zu einem Körperselbst-Bild. Dies und andere Aspekte zusammen machen das aus, was wir die Identität einer Person nennen. Diese drückt sich darin aus, wenn einer sagt »ich selbst«. Wir sind also sowohl »ich« als auch »selbst«. Beide Weisen des Existierens liegen nebeneinander in uns, ohne einen Gegensatz zu bilden. Dazu später mehr. Hier einige erste Hinweise auf die Unterscheidung von Ich und Selbst.

Unsere Ich-Werdung geschieht durch Abgrenzung und Loslösung aus unseren primären Beziehungen. Dadurch finden wir zur Selbständigkeit und inneren Freiheit: Wir werden ein unterscheidbares »Ich«. Wenn diese Entwicklung blockiert ist, entstehen Krisen, Beziehungsverwicklungen und seelische Krankheiten. Die Blockade dieser sich abgrenzenden und von der Mutter differenzierenden Entwicklung besteht dann, wenn die Mutter aus Angst vor der Abgrenzung des Kindes eine eher symbiotisch-einengende Beziehung lebt. Dies ist immer dann der Fall, wenn die Mutter selbst nicht eigenständig geworden ist und ihr Kind als Stütze für ihre eigene Unsicherheit und Angst braucht bzw. missbraucht.

Der Weg zum Selbst

In unserer Selbst-Werdung vollziehen wir die zur Ich-Werdung gegenpolige Bewegung: An die Stelle von Abgrenzung und Loslösung tritt Verbundenheit und Überwindung *der* dualen Getrenntheit (mehr dazu im nächsten Kapitel). Dieser Zustand des Sich-verbunden-Fühlens setzt aber ein eigenständiges, getrenntes Ich voraus. Wenn dies erreicht ist, kann uns unser Selbst zu mehr Gegenwärtigkeit und Präsenz im Jetzt führen: Wir sind immer schon da, wo wir hinwollen. Dies befreit uns von falschen Vorstellungen und Illusionen über uns selbst, die unser Ich entwickelt hat und an denen es wegen seiner Tendenz zur Anhaftung festhält. Wenn die Selbstwerdung blockiert ist, drohen Sinnlosigkeit und Leere.

Das Selbst ist immer schon da. Es ist aber nicht identisch mit unserem Ich, wenngleich das Selbst unser Ich braucht, z. B. wenn das Ich die Hindernisse beseitigt, die das Selbst verdecken. Das Ich ist sozusagen die psychologische Seite unserer Person, das Selbst die spirituelle. Das Ich tut etwas, das Selbst ist nur da. Das Ich ist eine zwiespältige Instanz. Dadurch, dass es den inneren Zeugen aktiviert, sorgt es einerseits dafür, dass das Selbst nicht verdunkelt bleibt, andererseits kann sich das Ich so aufblähen, dass es sich über das Selbst legt und dieses besetzt hält. Es ist wichtig, diese doppelte Bedeutung unseres Ichs zu sehen.

Unser Ich lebt davon, sich mit Menschen, Beziehungen, Szenen, Bewertungen, Körperzuständen zu identifizieren. Unser Ich braucht Abgrenzung, es sucht Identität und will sich unterscheidbar machen. Der Name, den wir tragen, macht uns unterscheidbar und ist ein gutes Beispiel für diese Identitätssuche des Ichs. Mit dem Namen grenzen wir uns ab. Dabei schießt das Ich allerdings es manchmal über das Ziel hinaus. Denn die Identifizierungen geben uns das Gefühl, ein unterscheidbares und einmaliges Ich zu sein. Sie führen aber auch dazu, dass die Anhaftung an alte Szenen, Gefühle, Körperzustände aufrechterhalten wird, auch wenn sie den Erlebnisbereich des Ichs einschränken. So gesehen ist das Ich konservativ, es sucht das Bekannte und Vertraute, mit dem es sich identifizieren kann. Und damit werden neue Erfahrungen oft blockiert.

Selbstkonzepte durchschauen

Unser Ich liefert uns also ein Bild, wie wir sind: Mann oder Frau, schnell oder langsam, stark oder schwach, gesund oder krank, ängstlich oder mutig, rational oder emotional. Gerade in der ersten Lebenshälfte sind solche Identifizierungen wichtig, da sie uns helfen, eine Ich-Identität zu entwickeln. Aber die später fortbestehenden inneren Anhaftungen an solche Identifizierungen kann auch den Erlebnisbereich unseres Ichs mehr als nötig einschränken. Um aus diesem Gebunden-Sein herauszutreten, ist das Ich wiederum sehr hilfreich, weil es uns helfen kann, die Anhaftung an alte Bilder und Zustände aufzugeben. Die Anhaftung aufgeben geschieht dann wiederum durch die Aktivierung des inneren Beobachters, eine wichtige und hilfreiche Funktion des Ichs. Die Frucht der Auflösung dieser Bindung an mentale Konzepte besteht darin, sich tiexibel und frei im Jetzt aufzuhalten, offen zu sein für Überraschungen und Neues geschehen zu lassen.

Ich möchte jetzt zwei Wege nennen, die helfen, die Anhaftung an Selbstkonzepte aufzugeben: Der Weg des Lassens und den Weg der Erkenntnis, dass unser Selbst-Konzept ein mentales Konstrukt ist, dem nichts Reales entspricht.

Der Weg des Lassens oder das Loslassen lassen

Die Geschichte von zwei jungen Mönchen erzählt davon, wie Lassen und Loslassen geht:

> *Zwei Mönche sind unterwegs von einem ins andere Kloster. Heftiger Regen hat die Straße in einen Fluss verwandelt. Da sehen sie, wie eine Frau versucht die Straße erfolglos zu überqueren. Daraufhin nimmt sie der eine Mönch in seinen Arm und trägt auf die andere Seite. Anschließend gehen beide schweigend weiter, bis nach Stunden der andere Mönch sagt: Du weißt doch, dass es uns Mönchen verboten ist, Frauen zu berühren, und du hast die Frau im Arm über die Straße getragen. Darauf der Andere: Ja, ich habe sie getragen und wieder abgesetzt, du aber trägst sie immer noch!*

Für unseren Mönch besteht der Kern des Lassens ist also im Weitergehen. Weitergehen heißt, vom Loslassen-wollen loslassen. Das klingt zunächst paradox: Aber wer Loslassen will, hält mit dieser Absicht gerade am Konzept des Loslassens fest und verhindert damit das eigentliche Loslassen. Er ist gedanklich mit dem Konzept des Loslassens beschäftigt und nicht frei, sich anderen Dingen zuzuwenden. Lassen heißt also, sich einem neuen Jetzt zuwenden so wie der Mönch, der nach dem Tragen der Frau weiter geht. Der andere Mönch hält durch seine mentale Beschäftigung mit der Frau an der

Anhaftung an sie fest, obwohl er sie physisch gar nicht berührt hat. Loslassen heißt also zunächst, das Konzept des Loslassens zu lassen.

Illusionen erkennen

Selbstkonzepte sind mentale Konstrukte unseres Geistes, mit denen wir uns identifizieren und die wir nicht als Konstrukt erkennen. Es ist eine Eigentümlichkeit unseres Gehirns, dass es die Vorstellungen von sich selbst, die sog. Metarepräsentationen, nicht als eigene Konstrukte erkennt. So entsteht der Tunnel-Blick auf unser Selbst und wir vergessen, dass den gedanklichen Vorstellungen »so bin ich« oder »das ist mein Charakter« nichts Reales entspricht außer der Tatsache, dass wir diesen Irrtum unseres Geistes nicht mehr als mentales Konstrukt erkennen und durchschauen. Der Weg der Auflösung der Anhaftung an diese Konzepte ist also ein Weg der Erforschung unseres Selbst.

Die Einsicht in den mentalen Konstruktcharakter unserer Selbstkonzepte führt in den östlichen spirituellen Traditionen zu »Erleuchtung«, die darin besteht, zu realisieren, dass es kein Selbst gibt und dass Leere und Selbst identisch sind. Dieses Leer-Werden von Identitätszuschreibungen unseres Ichs ist eine Erfahrung, die Angst macht, weil etwas scheinbar Vertrautes und Verlässliches verloren zu geht scheint. Es ist wie ein Ich-Tod, der durchlebt werden will, wenn er zum Erweckt-Sein führen soll, also zu einem neuen Bewusstsein vom Leben im Jetzt und im Sein, ohne den Ballast alter und oft unbrauchbarere Selbstkonzepte. Dies ist meines Erachtens auch der tiefere Sinn der christlichen Botschaft von der Auferweckung: So wie der irdische Jesus sterben muss, damit der ewige Christus geboren wird, so muss unsere Anhaftung an unsere Ich-Konzepte aufgelöst werden, damit wir frei werden für das Jetzt, die Gegenwart und unser Selbst. Der symbolische Tod von Anteilen des Ichs führt zur Geburt des Selbst.

Vom Ziel zum Weg

Der berühmte Satz aus dem Taoismus, dass der Weg das Ziel ist, gehört inzwischen auch im Westen zu den alltäglichen Lebensweisheiten. Dahinter verbirgt sich aber eine grundlegend andere Sicht auf die Wirklichkeit als die, die wir in der abendländischen Tradition entwickelt haben. Das westliche Denken basiert auf der Subjekt-Objekt-Trennung und nimmt deshalb auch die Dinge getrennt vom eigenen Selbst wahr. Bezogen auf Weg und Ziel erscheinen beide unterschiedlich: Das Ziel ist der Sinn und Zweck des Weges. Daraus resultiert eine zielorientierte Vorstellung vom Weg in seiner Unterscheidung von Anfang und Ende. Dem folgt die Vorstellung, dass das Ende des Weges ein Ziel hat. Ziele wollen verfolgt werden und wir sind auf dem Weg dabei, uns mit dem Ziel zu beschäftigen und vergessen das Unterwegs sein. Unser Selbst kennt kein Ziel, weil in ihm Ziel und Weg eins sind. Diese Einheit lehrt auch das Christentum, wenn Jesus sagt: »Ich bin der Weg«, denn Christus und Selbst sind identisch. Diese Vorstellung, dass Weg und Ziel, Anfang und Ende, Selbst und Jetzt eins sind, ist dem abendländischen Denken weitgehend abhandengekommen. Weil wir ziel- und endproduktorientiert sind, trennen wir die Dinge. Unsere wirtschaftlichen Verkehrsformen begünstigen diese Einstellung, die wir dann auch auf unser persönliches Leben übertragen. Unser Leben betrachten wir dann wie eine Gerade in Form eines Pfeiles, der ein Ziel verfolgt. Die Zielorientierung geht auf Kosten der Wegorientierung und der Fähigkeit, die innere Welt unseres Selbst verbunden und vernetzt wahrzunehmen.

Die Philosophie des Taoismus lehrt, die Dinge als zusammengehörig zu sehen und sie nicht in einen sich ausschließenden Gegensatz zu bringen. Dies realisiert ein Spruch aus dem Tao te king: Wer steigt, sinkt. Sinken und steigen sind eins, nur die Perspektive ist eine je andere. Westlich denkende Menschen bringen diese Perspektiven in einen Gegensatz nach dem Motto: entweder steigen oder sinken, beides geht nicht! Für den östlich geprägten Menschen werden diese Gegensätze nicht als etwas sich Ausschließendes, sondern als aufeinander bezogen wahrgenommen

Im abendländischen Denken hat vor allem Aristoteles die Trennung der Objekte auf die Formel gebracht: Wo der Fisch aufhört, fängt das Wasser an. Damit werden beide in einen sich ausschließenden Gegensatz gebracht. Deshalb ist auch die Figur des Entweder-oder die typisch Westliche, während die Östliche die des Sowohl-als-auch ist. Im Ying-Yang-Symbol kommt dieses Enthalten-Sein des einen im anderen zum Ausdruck, ohne dass Ying und Yang identisch sind. Wenn man beide Sichtweisen, die östlich-verbindende und die westlich-trennende, zusammenbringt, dann könnte man das Beispiel des Aristoteles so erweitern: »Fisch« ist »Wasser« und »Wasser« ist »Fisch«, ohne das »Wasser« und »Fisch« als zwei unterschiedliche Erscheinungen aufhören zu existieren!

Fortschritt im Rückschritt: Das Bild der Spirale

Auch ein anderes Bild, das der Spirale, vereint die Gegensätze. Als Bild für den Lebenslauf versinnbildlicht die Spirale ein zyklisches Denken: wir fangen immer wieder von vorne an verändern uns in kreisenden Bewegungen dennoch. Bezogen auf die immer wiederkehrenden persönlichen Probleme und Konflikte sagt das Bild der Spirale: Die Probleme tauchen zwar immer wieder auf, aber man befindet sich in jeder Runde auf einer anderen Ebene. In der Spirale ist Fortschritt Rückschritt und Rückschritt Fortschritt, aber auf einem je neuen Niveau. Insofern gibt es in einer Spirale keinen Rückschritt, auf wenn man sich gerade auf der Seite der Spirale befindet, die zurückzuführen scheint, ist man doch an einer anderen Stelle als bei der vorherigen Runde. Das Bild der Spirale ermöglicht eine andere Einstellung des Unterwegsseins zu sich selbst.

Für unser Ich sind die Dinge getrennt, wir unterscheiden zwischen Weg und Ziel. Hier herrscht die Logik, dass das eine nicht das andere sein kann und das sich Gegensätze ausschließen. Diese sich ausschließenden Gegensätze erschafft unser Denken und wir halten unsere selbst geschaffenen Vorstellungen für Realität. Für unser Selbst aber gilt diese Art von Logik nicht, weil im Selbst das Sein und das Jetzt eins sind. Im Sein, im Zustand der Einheit mit dem Jetzt, ist alles aufgehoben. Hier herrscht eine andere Logik, die der Vereinigung der Gegensätze, wie sie die Mystiker immer wieder auf den Punkt gebracht haben: Die »conjunctio oppositorum«, die »Vereinigung der Gegensätze«, wie Nikolaus von Kues dies nannte, ermöglicht es, z. B. Geburt und Tod nicht als Gegensätze zu sehen, sondern so, dass das eine im anderen vorkommt. Geburt und Tod sind eins, so wie das Sandkorn das ganze Universum enthält. Nur der äußeren Form nach unterscheiden sie sich, nicht aber in ihrem Sein.

Weg und Ziel sind Begriffe, Kategorien unseres Geistes, wodurch beide getrennt werden. Wenn aber jenseits dieses mentalen Konstruktes Weg und Ziel kein Gegensatz mehr sind, dann kann man das Ziel nicht verfehlen, weil wir schon da sind, wo wir hinwollen.

Das Mit-sich-vertraut-Sein bedarf einerseits eines Schutzraumes, der uns von anderen abgrenzt und als inneres Haus zur Verfügung steht, andererseits bedarf das Vertraut-Sein auch der Grenzüberschreitung. Diese geschieht u. a. dadurch, dass wir die eigenen Konzepte von uns selbst und von der Welt als mentale Konstrukte durchschauen. Das bedeutet auch, die Getrenntheit der Dinge und die Abgetrenntheit unseres Selbst vom Kosmos und vom Sein als Täuschung zu durchschauen, allerdings als eine manchmal sehr nützliche Täuschung. Anders gesagt: Unser Ich sollte über zwei Fähigkeiten verfügen: Die der Grenzsetzung und die der Grenzüberschreitung. Die Grenzsetzung führt uns in den Bereich der Dualität, die Grenzüberschreitung in die nonduale Wirklichkeit des Ungetrennt- und Verbunden-Seins. Diese spirituelle Überschreitung in den Bereich des Jetzt und des ungeteilten Seins setzt allerdings ein Ich voraus, das fähig ist zur Selbstüberschreitung. Denn es ist unser Ich, das diese Funktion des Transzendierens übernimmt. Schauen wir im nächsten Kapitel genauer an, was mit dieser nondualen Wirklichkeit gemeint sein könnte.

2. Duales und nonduales Bewusstsein

Nonduales Bewusstsein ist nicht auf Inhalte bezogen. Dadurch unterscheidet es sich von Religion, obwohl am Beginn der großen Religionen in der Regel eine spirituelle Erfahrung steht. Diese ursprüngliche Erfahrung wurde dann mit Riten, Lehren und institutionellen Formen angereichert und konnte sich zu einem fest definierten System weiterentwickeln. Dies gilt besonders für das Christentum, an dessen Beginn die spirituelle Praxis eines Wanderpredigers namens Jesus aus Galiläa stand. Er predigte die Einheit von Gott und Mensch, von Diesseits und Jenseits, von Himmel und Erde. Dadurch suchte er die Spaltung des dualen Denkens zu überwinden. Wie auch in anderen Religionen, wie etwa im Buddhismus, lehrte er, durch nonduales Bewusstsein die inhaltlichen Vorstellungen von Gott zu überwinden, also »arm zu werden im Geist« (Mt 5,3). Weil der Buddhismus dieses Leewerden ganz besonders radikal praktizierte, wurde er auch als Religion ohne Gott bezeichnet.

Eine weisheitlich-nonduale Sicht verzichtet darauf, Zuflucht zu nehmen bei religiösen Glaubensinhalten oder metaphysischen Positionen. Im Gegenteil: Durch Selbstbeobachtung findet spirituelles Bewusstsein Abstand von gegebenen Inhalten, von Gedanken darüber und Gefühlen dazu. Dies gelingt dadurch, dass das Bewusstsein diese Inhalte und Dogmen als mentale Muster durchschaut, denen keine Entsprechung in der äußeren Realität zukommt. Genau dieses Sich-Freimachen und Leer-Werden wird als Weg zu einem anderen Bewusstsein verstanden, welches das Ich übersteigt. In den östlichen Weisheitslehren, vor allem in der altindischen Vedanta-Lehre, wird als Weg zum Selbst die Frage nach den eigenen Vorstellungen über sich selbst gestellt: »Wer bin ich?« und »Wer ist es, der diese Frage stellt?« Dabei soll der Fragende erkennen, dass es für die Frage nach der eigenen Identität des Selbst kein objektives Kriterium außerhalb der eigenen Subjektivität gibt. Damit wird auch ausgeschlossen, dass es ein inhaltlich zu definierendes Selbst gibt und dass das »wahre Selbst« niemals in Konzepte zu fassen ist, sondern nur auf dem Weg ständiger Dekonstruktion – verstanden als Aufgeben der Anhaftung an diese Vorstellungen – zu sich kommt. Diese Leerheit des Selbst spiegelt sich auch in den Antworten, die die alten Weisheitslehrer auf die Frage nach dem »Wer bin ich?« geben: Nicht dies, nicht das! Dies gilt auch für die typischen Vorstellungen und Konzepte, die viele mit dem spirituellen Weg verbinden: Erleuchtung, Befreiung, Meditation, Eins-Werden, Gottheit, wahres Selbst usw. Von all diesen verdinglichenden Begriff muss Abstand genommen werden, denn das Selbst ist nicht dies, nicht das, es ist kein Ob-jekt, sondern ein Nob-jekt!

Am Ende dieses Kapitels werde ich noch einmal die philosophischen Implikationen und Probleme des spirituellen, nondualen Zugangs zur Wirklichkeit ansprechen.

Die Subjekt-Objekt-Spaltung überwinden

Diese Bewegung des Sich-Freimachens von mentalen Vorstellungen über das eigene Selbst, über Gott und die Welt, betrifft auch die scheinbar selbstverständliche Weise, wie wir uns der Welt und uns selbst annähern: Nämlich in der Weise der Trennung von Subjekt und Objekt. Dieses typisch abendländische Getrenntheitsdenken ist für unser psychologisches Ich, wie wir es im Alltag benötigen, notwendig und hilfreich. Wir können nicht darauf verzichten, wenn wir uns in der Welt der Phänomene bewegen und uns sinnvoll verständigen wollen. Aber es bedarf auch der Infragestellung dieses trennenden Denkens, weil es mitunter ziemlich rigide spaltet zwischen Subjekt und Objekt, Mensch und Welt, Diesseits und Jenseits. Dabei »vergisst« dieses distanzierende Denken, zu unterscheiden zwischen der trennenden Bewegung unseres Verstandes und der Wirklichkeit selbst. Spirituelles Bewusstsein geht demgegenüber davon aus, dass diese Dualität menschlicher Erkenntnis nur in unserem Verstand existiert, nicht aber in der Realität. Wir nehmen die Dinge getrennt wahr, die, wenn man sie anderes betrachtet, alle miteinander verbunden und vernetzt sind. Indem also das spirituelle Bewusstsein verneint, dass den Konzepten über unser eigenes Selbst irgendeine Realität zukommt außer der, dass sie mental erzeugt sind, verzichtet die spirituelle Einstellung auf die Gewissheit irgendeines positiv vorhandenen objektiven Seins, auf das man sich beziehen könnte. Damit steht diese spirituelle Sicht durchaus in Übereinstimmung mit den kognitiven Neurowissenschaften, die keine objektive Instanz außerhalb unseres Gehirns anerkennen.

Spirituelles Bewusstsein verhält sich kritisch zu allen affirmativen Begriffen, auf die es seinerseits nie ganz verzichten kann, wenn es sich mittels Sprache verständlich machen will. Dann aber bevorzugt spirituelles Denken die Sprache der Negation und spricht lieber von Non-Dualität, Nicht-Selbst, Leerheit, nicht dies, nicht das. Sinn dieser Sprache im Modus der Verneinung ist es, deutlich zu machen, dass Nonduales nicht einfach etwas Gegebenes ist, sondern im Augenblick entsteht wie etwas Drittes, wenn die Zweiheit überstiegen wird, vergleichbar mit dem Klang, der entsteht, wenn die Glocke ertönt. Dann gibt es kein Ohr und keine Glocke mehr, sondern nur noch Klang. Im Ertönen der Glocke sind Ohr und Glocke in eins gefallen, obwohl sie dennoch als zwei getrennte Objekte weiter existieren. Man könnte also von einem Zustand der Verschränkung von Glocke und Ohr sprechen, in dem beide sich vereinen, ohne doch aufzuhören, getrennt zu existieren.

Verschränkung von trennendem und verbindendem Bewusstsein

Die Vorstellung von Verschränkung und sich überlagernden Mischzuständen stammt aus der Quantenphysik und hat viele Ähnlichkeiten mit dem Konzept des »abhängigen Entstehens« in der buddhistischen Philosophie. Beide Sichtweisen überwinden das traditionelle atomistische Weltbild, nach dem die Welt aus vielen kleinen voneinander getrennten Einzelbausteinen besteht. Auch werden die vertrauten physikalischen, logischen und psychologischen Vorstellungen von Kausalität, Getrenntheit, Lokalität und Zeitlichkeit abgelöst durch Konzepte wie Vernetzung, Überlagerung, Bedingtheit und Vermischung. Auf der subatomaren Quantenebene existiert eine Vielzahl von Überlagerungen und Mischzuständen, die wiederum aus vielfältigen Zwischenformen bestehen.

Überlagerungszustände

Quantenphysikalisch sind in den verschiedenen Überlagerungszuständen alle Möglichkeiten der Realisierung enthalten. Es hängt vom Beobachter ab, welche Möglichkeit realisiert wird, ob z. B. ein Photon als kleinste Lichteinheit eine Welle oder ein Teilchen wird. Es gibt keine isolierten Zustände und keine getrennten Objekte, sondern es geschieht ein ständiges Hin- und Her in einem unaufhaltsamen Austauschprozess. Streng genommen existieren keine unabhängigen Objekte, es existiert nur das Beziehungsfeld zwischen ihnen. Dabei ist bemerkenswert, dass verschränkte Zustände entstehen, ohne dass kausale Signale auf dem materiellen Weg übertragen werden. Verschränkung bedeutet demnach, dass zwischen zwei Quanten eine kommunikative Beziehung besteht, egal wie weit sie voneinander entfernt sind. Wenn das eine Quant den Zustand eines Teilchens annimmt, geschieht dies auch mit dem anderen Quant, ohne Zeitverzögerung und ohne Informationsaustausch auf traditionellen Kommunikationswegen. Beide Einheiten sind also verschränkt ohne Verbindung durch materielle Informationskanäle.

In Analogie zum quantenphysikalischen Verschränkungsbegriff würde dem auf der Ebene der zwischenmenschlichen Beziehungen der Austausch von unbewusst zu unbewusst entsprechen, der eben nicht an materielle Kommunikationskanäle und an sinnlich vermittelte räumliche Nähe gebunden ist. Freunde oder Paare erleben manchmal, dass einer das gleiche denkt und empfindet wie der Andere, und zwar synchron, obwohl sich beide an verschiedenen Orten aufhalten. Im Nachhinein wird diese telepathisch anmutende Verschränkung bewusst, wenn einer sagt, ja das habe ich auch in dem Moment so empfunden, als Du das so erlebt hast. Es handelt sich also um einen ganz besonderen entgrenzten Bewusstseinszustand, in dem Räumlichkeit und Zeitlichkeit aufgehoben sind zugunsten eines zeitlosen Jetzt und einer verbindenden Raumlosigkeit und Leere. Die Mystiker sprechen vom stehenden Jetzt (nunc stans) im Gegensatz zum fließenden Jetzt (nunc fluens). Im fließenden Jetzt folgt auf einen Jetzt-Moment das nächste und so entsteht der Fluss der Zeit. Wenn Menschen diese Aufhebung der Zeit im stehenden Jetzt erleben, befinden sie sich im Zustand reiner Präsenz jenseits der dualen Welt.

Die Vorstellung von Vergangenheit und Zukunft aufgeben

Die Haltung der Gegenwärtigkeit und Selbstbeobachtung führt zur Entidentifizierung, d. h. zum Aufgeben der Anhaftung an Szenen der Vergangenheit, meist an solche, die uns einst besonders verletzt, beschämt, gekränkt und geärgert haben und die nie aufgearbeitet worden sind. Wie ist dieses Aufarbeiten im Sinne des Aufgebens,

Loslassens und Vergessens genauer zu verstehen? Machen wir uns zunächst bewusst, dass die Identifikation mit Menschen und Erlebnissen der Vergangenheit unserem Ich so etwas wie ein Identitätsgefühl gibt. Ich weiß, wer ich bin, wenn ich meine Vergangenheit kenne und die aus der Vergangenheit resultierenden Zuschreibungen auf die eigene Person hin zu Verfügung habe. Dies erfüllt das Basisbedürfnis nach Sicherheit und Vertrautheit.

Neben dem Sicherheitsgefühl kann das Verhaftet-Bleiben mit Menschen und Erlebnissen aus der Vergangenheit das Ich aber auch sehr einschränken und seinen Handlungsspielraum klein halten. Deshalb bildet der Vorgang der Auflösung von Identifikationen eine Möglichkeit, den Freiraum des Ichs im alltäglichen Erleben zu erweitern. Dies wird umso eher möglich, je weniger das Ich die Aufhebung von Identifikationen als angstvoll erlebt. Dies ist z. B. dann besser möglich, wenn es die innere Sicherheit durch das Verbundenheitsgefühl mit dem größeren Ganzen gibt, die als Erfahrung der Einheit mit der nicht-dualen Wirklichkeit das absolute Selbst aktiviert. Diese Seinsverbundenheit ermöglicht es, sich zu lösen von vermeintlichen Identitäten, von Bildern und Zuschreibungen, die wie ein mentales Gefängnis wirken können.

Diese Sichtweise ist kein Gegensatz zu der therapeutischen Erfahrung, dass es starre und unflexible Muster aus der Vergangenheit gibt, die sich durch die Gegenwart nicht verändern lassen. Es gibt bei traumatisierten Menschen eine Art von Vergangenheit im Ich, die nicht als Vergangenheit erinnert werden kann. Die traumatisierenden Erlebnisse haben sich über den Weg der Introjekte Zugang ins Seelenleben eines Menschen verschafft haben und stellen sich als Störung der Persönlichkeit dar. Schwere frühe Traumatisierungen und Deprivationen können Entwicklungsstörungen bedingen, die irreversibel sind. Durch diese Irreversibilität wird ja in gewisser Weise die Vergangenheit ausgelöscht. Das Trauma lebt in der Gegenwart als Gegenwart weiter und stellt kein historisches

Ereignis mehr dar, das erinnerbar und dadurch bearbeitbar ist. Für deren Heilung ist professionelle Hilfe notwendig.

Davon zu unterscheiden ist die lebendige Vergangenheit, die im gegenwärtigen Erinnerungskontext lebendig wird und durch die Jetzt-Erfahrungen in der therapeutischen Beziehung verändert werden können. Diese Veränderungen und Überschreibungen der Vergangenheit sind freilich nicht auf therapeutische Beziehungen beschränkt, sondern bilden einen der dynamischen Kerne unserer menschlichen Beziehungsverhältnisse und befreien sie aus dem Gefängnis starrer Determiniertheit.

Allverbundenheit

Wenn die Befreiung von den Anhaftungen an Konzepte der Vergangenheit geübt wird, bildet das von diesen Identifizierungen weitgehend freie Selbst nunmehr den permanenten Hintergrund, auf dem sich das Ich bewegt. Dieses Jetzt-Selbst bezeichnet den Zustand der Allverbundenheit, einen Modus des Existierens, der gerade in der Überwindung der ichhaften Identifizierungen mit Gedanken über sich selbst und über die Zeit besteht. Dieses absolute Selbst wäre also ein Ich-Zustand, der dem Ich die Aufmerksamkeit entzieht und damit das Verhaftet-Sein an Gedanken über die Vergangenheit auflöst. Genau genommen müsste man sagen, dass es eben kein Ich-Zustand, sondern ein Selbst-Zustand ist, weil er gerade die Ichhaftigkeit im Sinne der Identifizierung mit Konzepten über Selbst und Welt überwindet. Spirituell geübte Menschen haben diesen zeitlosen Hintergrund, ihr Selbst, zur Verfügung und können jederzeit mit diesem Jetzt-Selbst in Verbindung treten durch die Praxis der Aufmerksamkeitsbesetzung und Achtsamkeit.

Die Auffassung vom zeitlosen Jetzt überwindet auch das atomistische Weltbild, nach dem die physikalische Welt aus getrennten materiellen Objekten besteht. An deren Stelle tritt ein nonduales

Bewusstsein, dass die Welt eher als Prozess und Ereignis begreift, die Schwingungscharakter haben und miteinander in verschränkter Weise verbunden sind. Damit wird auch die für das duale Denken typische Trennung von innen und außen, von Ich und Welt, von vorher und nachher, überwunden. In der biblischen Erzählung vom Paradies ist dieser nonduale Zustand treffend beschrieben: Es gibt kein vorher und kein nachher, kein Innen und Außen, kein ich und kein Du, kein Diesseits und Jenseits, alles ist reine Gegenwart. Meister Eckhart geht soweit, dass er davon ausgeht, dass in der reinen Gegenwart Gott und Welt aufhören zu existieren, stattdessen fallen sie zusammen in dem, was er Gottheit nennt, die mit dem Jetzt und dem Sein identisch ist.

Dualität erzeugt Leiden und Angst

Mit der Vertreibung aus dem Paradies, der Geburtsstunde des dualen Bewusstseins und damit des Ichs, entsteht das Leiden und die Sehnsucht. Ihr zugrunde liegt die Erinnerung an eine Zeit, in der es das Leiden noch nicht gab. Geschichtlich gesehen ist es die Zeit, in der die großen Trennungsmythen entstehen wie der vom ursprünglichen Paradies und in denen die Erinnerung an diesen glückseligen Zustand aufbewahrt ist. Mit dieser Erinnerung erfährt die Gegenwart eine gewisse Abwertung, wenngleich die Erinnerung an die Vergangenheit ja auch in der Gegenwart stattfindet. Es gibt die Vergangenheit nicht als Vergangenheit, sondern nur als Schöpfung im Jetzt. Aber diese Verobjektivierung der Vergangenheit durchschaut das Ich nicht mehr und es nimmt das Erinnerte als etwas, was tatsächlich als Vergangenheit existiert. Darin besteht die Verblendung, die der Mystiker hintergehen möchte.

Der nächste Schritt in diesem Verblendungszusammenhang ist dann nicht mehr weit: Aus der Erinnerung an die Vergangenheit hofft das Individuum auf eine bessere Zukunft, die vielleicht Züge des glückseligen »Einst«, in dem alles besser war, trägt. Es entstehen die ersten utopischen Entwürfe einer besseren Zukunft, die es natürlich nicht gibt, weil sie ja auch Projektionen des Jetzt sind, die sich aus dem Leiden an der Getrenntheit des Individuums ergeben. Damit ist das Zeitbewusstsein installiert. Die Folge ist, dass die Gegenwart, das Jetzt, beinah ganz in den Hintergrund tritt. Demgegenüber erscheint dem Weisheitslehrer die Zeit als eine mentale Konstruktion des Geistes, dem keine Essentialität und gar Substantialität zukommt. Indem das Ich, geplagt von seinem Leiden an Wünschen und Begierden, Vergangenheit und Zukunft verknüpft und sich mit den Erinnerungen und Hoffnungen identifiziert, hat es die Chance des Augenblicks versäumt. Es konstruiert sich ein Ich, welches aus der inneren Anhaftung aus vergangen Erlebnissen besteht und sich anfüllt mit dem Wunsch, manches würde sich in der Zukunft wiederholen. Die Erkenntnis dieser Illusion ist Kern der Gegenwärtigkeit.

Überwindung der Angst vor dem Tod

Die Täuschung über den Zustand der Verbundenheit vor aller Trennung ruft auch die Angst vor dem Tod auf den Plan und macht ihn zu einem ungelegenen Gast. Die Angst wurzelt in der Getrenntheit, der auch der Tod unterworfen wird. Der Tod wird dadurch zum zeitlichen Ende des Lebens, die Geburt zu dessen Beginn in der Zeit. Durch die Konstruktion der Zeit geht die Verbindung von beiden Übergangssituationen, Tod und Geburt, verloren Der Tod wird so zu einem Übel, dass auf jeden Fall vermieden werden soll. Es entsteht die Angst vor dem Tod, die schließlich zu einer phobischen Einstellung dem Tod gegenüber führt, die wir bereits als typisch für die westliche Haltung zum Tod charakterisiert haben. Mit der Angst vor dem Tod verlieren wir den Bezug zur Gegenwart und damit verlieren wir den Punkt, an dem es keinen Tod gibt. In der Gegenwart gibt es immer nur einen Prozess, eine Abfolge von Jetzt-Momenten.

Mit dieser Einstellung stellt sich die Bewältigung des Todes anders dar: Es geht um die Wiedergewinnung der Einsicht, dass hinter dem abgetrennten Ich, welches an den Körper gebunden ist, keine Differenz besteht, bezogen auf den Tod, keine Differenz von Leben und Tod. Geburt und Tod sind eins. Damit muss das Ich seine Vormachstellung aufgeben, was das Ich als Verlust erlebt. Genau dies meint die Rede vom »mystischen Tod«. Indem das Ich in seiner Abgetrenntheit stirbt, kann das ungetrennte und mit allem verbundene Selbst geboren werden. Da das Ich aber gelernt hat, sich mit sich und seinem Körper zu identifizieren, stellt dieser Prozess des Loslassens und des Aufgebens von gewachsenen Identifikationen einen schmerzhaften Vorgang dar. Dieser mystische Tod des Ich korrespondiert mit der Geburt des Selbst, welches im Vollzug der Auflösung von Anhaftungen an mentale Konzepte von sich selbst und vom Eins sein mit Gott und Welt begriffen wird.

Tod gibt es nur, wenn es Dualität gibt

Zu den dualen Konzepten gehört, wie wir gesehen haben, vor allem die Vorstellung von Zeit. Fragen wird weiter nach dem Zusammenhang von Tod und Zeit. Bisher wurde gesagt, dass die Zeit als Gegenüber nur in einem Bewusstseinsmodus existiert, welcher von der dualen Getrenntheit von Individuum und Leben ausgeht. Diese Getrenntheit als Illusion zu erkennen ist das umfassende Ziel aller östlichen und westlichen Weisheitslehren. Die nonduale Sichtweise einzunehmen ist jedoch keine kognitive Leistung unseres Denkens, sondern beruht paradoxerweise auf dem Loslassen von Sichtweisen und Vorstellungen auch von nondualer Erfahrung. Wer Erleuchtung und mystische Einheit sucht und erreichen will, hat sie bereits verfehlt, solange er an diesen Zielen festhält. Nondualität ist nicht das Ergebnis von Denken, weil Denken immer die Dualität von Denkendem und Gedanken voraussetzt. Man kann auch nicht – wie in der Religion – an sie glauben, denn auch Glauben »an etwas« bewegt sich im Modus der Subjekt-Objekt-Spaltung, die ja gerade im mystischen, nondualen Erlebnis überwunden werden soll. Deshalb kann man über diese Erfahrung auch schlecht sprechen, denn wenn wir Worte benutzen, bewegen wir uns im Raum der Dualität von Subjekt und Objekt. Überhaupt ist es eigentlich unpassend, von Erfahrung zu sprechen, weil auch Erfahrung immer Erfahrung von etwas bedeutet und damit die Dualität von Erfahrendem und Erfahrung konstituiert.

Der Illusionscharakter solcher Substantive wie Erfahrung, Glauben, Denken wird noch deutlicher bei solchen Begriffen, die existentielle Tatsachen betreffen, wie z. B. den Tod. Wenn wir das Substantiv verwenden, dann glauben wir, es gäbe den Tod. Aber gibt es den Tod wirklich? Auch bei diesem Begriff handelt es sich um eine Abstraktion, der ein Vorgang zu Grunde liegt. In Fall des Todes gibt es einen Wandlungsprozess von einem organischen in einen anorganischen Zustand. Es gibt den Tod nur als mentales Gebilde in der Welt der Formen in Gestalt eines Substantivs. Im Sein gibt es keinen Tod, sondern nur eine ständige Bewegung und Entwicklung. Die Abstraktion »Tod« erscheint dann als eine gegebene Realität, die in der Regel Angst und Abwehr erzeugt. Das Ich hält diese Illusion aufrecht. Jenseits des Ichs gibt es nur das Sein, von dem das, was das Ich mit Tod bezeichnet, ein Aspekt ist. Den Tod so als Prozess des Lebens zu sehen, könnte die Angst reduzieren. Diese Dekonstruktion ist keine Leugnung des Todes und deshalb auch keine Abwehr von Gefühlen wie Endlichkeit und Begrenztheit, sondern Ausdruck des symmetrischen Denkens, welches illusionäre Differenzen übersteigt. Sie erinnert an Freuds Auffassung, dass es im Unbewussten keinen Tod gibt.

Verlust der Ureinheit – Geburt des Ich

Im non-dualen Bewusstsein gibt es keine Differenz und keine Grenze. Im Gegenteil, Grenzen und Differenzen werden als ein mentales Problem angesehen, dem nichts Wirkliches – außer dem Mentalen – entspricht. Grenzen kommen in der Natur nicht vor, alles ist mit allem verbunden. Erst durch die Vorstellung von Grenze entsteht so etwas wie Unterscheidung, Differenz, Beziehung. Dies ist die Geburtsstunde des Individuums, welches sich von seiner Umwelt unterscheidet, davon ein Bewusstsein entwickelt und sich als abgegrenztes Ich erleben kann. Die Großen Schöpfungsmythen, vor allem der jüdisch-christliche vom Paradies und der Vertreibung daraus, erzählen diesen Verlust der Ureinheit und Gottgemeinschaft. Sie erzählen ihn als hochambivalenten Vorgang, weil er einerseits die glückliche Geburtsstunde des menschlichen Ichs reflektiert, anderseits mit dieser Geburt den Beginn des Leidens darstellt, dass sich aus der Getrenntheit ergibt. Weil der Zustand der Alleinheit und Allverbundenheit allmählich vergessen wird, erscheinen uns die Dinge außerhalb unseres Ich als eigenständige Gegebenheiten. Sie bekommen den Status von etwas Objektiven und wir erkennen nicht mehr, dass sie uns nur so erscheinen. Bleiben wir noch einen Moment bei dem Ich, das die Illusion des Objektiven erzeugt und fragen, wie es entwicklungspsychologisch entsteht.

Grenzen finden: wie unser Ich entsteht.

Unser Ich entsteht durch Abgrenzung aus einer primären Beziehungsmatrix, welche der mütterliche Organismus bildet. Schon die biologische Geburt ist ein Vorgang der Trennung vom Körper der Mutter und führt in die Welt der Differenz. Nach der Geburt setzt ein Prozess ein, der dem Säugling und Kleinkind Schritt für Schritt ermöglicht, sich als eigenes Wesen zu erleben. Wenn das Kind »Mein«

und »Nein« sagen kann, ist dies ein Hinweis, dass der Prozess der Grenzfindung und Ichwerdung weit vorangekommen ist.

Bildlich kann man sich diesen Vorgang der Abgrenzung und Ichwerdung so vorstellen, dass am Beginn zwei Kreise, die die Grenze von Mutter und Kind symbolisieren, in weitgehender Überschneidung existieren.

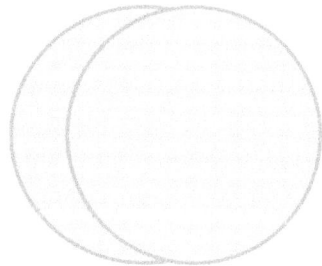

Schritt für Schritt treten diese Kreise in der weiteren Entwicklung auseinander.

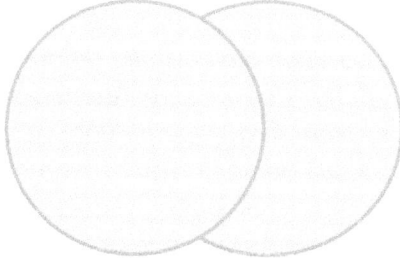

Schließlich berühren sich das Ich des Kindes und das Ich der Mutter an der Außengrenze.

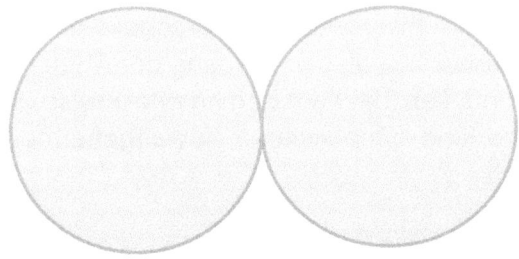

Erst jetzt, wenn die Ichgrenze stabil ist, kann es vorübergehend auch wieder zu symbiotischen Überschneidungen kommen, aber diese bilden dann nur einen Moment und keinen Zustand. So ist das dann auch beim Erwachsenen: Wer funktionsfähige Ichgrenzen entwickelt hat, kann sie situativ flexibel öffnen und schließen.

Meditation:

Nimm die Haltung der Gegenwärtigkeit ein: richte deinen Oberkörper auf und stell Dir vor, er wird von einem Seil auf dem Scheitelpunkt Deines Kopfes an die Decke gezogen. Finde Deinen Atemrhythmus. Richte Deine Aufmerksamkeit auf das größte Organ deines Körpers: deine Haut. Spüre, wie der Luftzug diese Außengrenze deines Körpers berührt. Vielleicht spürst Du auch die Luft, die du ausatmest, auf deiner Oberlippe. Richte dann deine Aufmerksamkeit auf die Innenseite deiner Haut und stelle dir vor, wie deine Haut wie eine schützende Hülle deinen Körper zusammenhält und das innere vor Einwirkungen von außen schützt. Richte jetzt deine Aufmerksamkeit auf die Außenseite deiner Haut. Stell dir vor, wie die Grenze den Kontakt nach außen ermöglicht. Spüre die Öffnungen in der Haut, die dich mit dem Raum um dich verbinden. Deine Haut ist als Grenze deines Körpers offen und geschlossen zugleich. Kehre nun zu deinem Atem zurück und

realisiere, wie dich dieser Austausch von Luft mit deiner Um-
welt verbindet. Im Rhythmus deines Atmens bist du Teil der
Umwelt und die Umwelt wird Teil von Dir. Du bist ein Ganzes
und gleichzeitig ein Teil des großen Ganzen, das dich umgibt.

Mit sich vertraut sein, heißt über diese Fähigkeit des Grenzen-Schlie-
ßens zu verfügen, um den eigenen Raum um sich zu errichten und
zu schützen. Dieser innere Raum verleiht ein Gefühl der Gewissheit,
bei sich zu sein. Wer bei sich ist, ist auch geschützt vor Projektionen.
Wer wahrnimmt, was in ihm geschieht, muss dies nicht in andere
hineinphantasieren, sondern vermag die projektiven Verzerrungen
zurückzunehmen, indem er sie als eigene Gefühle und Gedanken
wahrnimmt. Mit-sich-vertraut-Sein heißt, nicht mehr in der Illusion
zu leben, dass der Andere genauso denkt und fühlt wie ich.

Um sich in der Welt zurecht zu finden, brauchen wir aber unser Ich,
welches zwischen Ich und Du, zwischen Innen und Außen unterscheiden kann. Diese duale Differenzbewusstsein stellt uns unser
Ich zur Verfügung. Dies ist wiederum die unabdingbare Voraussetzung *für die im* Folgenden beschriebene Fähigkeit zur Überschreitung *des Ich* auf das größere und umfassendere Selbst hin. Das Ich
steht für die psychologische Seite des dualen Bewusstseins, während das Selbst für den Zustand des nondualen Bewusstseins steht.

Grenzen überschreiten: Wie unser Selbst entsteht

Das Grenzen-Finden bezieht sich auf unser Ich. Das Grenzen-Über-
schreiten auf unser Selbst. Das Ich führt uns in die duale Welt, das
Selbst in die nonuale Wirklichkeit. Mit einem Bein stehen wir in
unserem dualen Alltagsbewusstsein, fest verankert in der Welt der
Differenz von Subjekt und Objekt. Wir bewegen uns im Fluss der
Zeit, in dem es Vergangenheit und Zukunft gibt und in dem wir
uns entwickeln und verändern (psychologischer Aspekt); mit dem

anderen Bein stehen wir außerhalb der ablaufenden Zeit, im Augenblick des Jetzt, das keine Vergangenheit und Zukunft kennt und damit keine Veränderung und Entwicklung, denn jede Zukunft ist ein neues Jetzt, nur im Bewusstsein existiert sie als Nicht-Jetzt. Mit der Vergangenheit ist es ebenso: was uns als Vergangenes erscheint, war damals, als es geschah, ein Jetzt (spiritueller Aspekt).

Psychische Entwicklung, wie sie durch Psychotherapie gefördert wird, bezieht sich also die zeitliche Außenseite unserer Person, spirituelle Gegenwärtigkeit auf dessen zeitlose Innenseite. Beide Zeitformen, die fließende und die stehende Zeit, sind miteinander verschränkt. Unser Bewusstsein entscheidet, welcher Aspekt der Zeit im Vordergrund steht. So kann sich jemand in der Meditation im Jetzt der stehenden Zeit befinden, ohne die die ablaufende Zeit aufhört zu existieren. Es besteht zwischen beiden Formen kein sich ausschließender Gegensatz.

Grenzen überschreiten im spirituellen Sinn heißt, die Grenze zwischen Subjekt und Objekt, zwischen Ich und Welt, als Konstruktion unseres Geistes zu erkennen. Diese Konstruktion ist eine Frucht des dualen Bewusstseins, das unserem Ich entspricht, weil es die Dinge getrennt wahrnimmt. Es differenziert z. B. die Zeit in Vergangenheit und Zukunft, Anfang und Ende, Geburt und Tod. Darüber hinaus gibt es einen Bewusstseinsmodus, in dem diese Polaritäten nicht getrennt und gegensätzlich wahrgenommen werden, sondern verbunden und bezogen. Dieses Wahrnehmungsform trennt uns nicht von der Welt, sondern macht uns zu einem Teil von ihr. Wir sind Teil-Ganzes, zugleich Teil und Ganzes. In diesem Zustand sind wir ganz wir selbst, von nichts entfremdet und getrennt. Vielleicht ist Liebe ein Wort, diesen Zustand zu benennen. Lassen Sie uns dieses Verbundenheitsbewusstsein etwas genauer erkunden, denn es bildet den Kern spiritueller Erfahrung

Wir sagten, dass die Geburtsstunde des Individuums Dualität erzeugt mit der Folge, dass sich das Individuum nun mit seinem Körper als Träger des Ichs identifiziert und damit alles, was außerhalb seines Körpers existiert, zu einer Welt »gegenüber« erklärt, von der sich die eigene Person getrennt wahrnimmt. Dabei wird vergessen, dass es einmal einen Zustand gab, indem das werdende Individuum mit allem verbunden war und es noch kein »außen« und »gegenüber« gab. Wenn dieses Wissen verloren geht, erlebt sich der Mensch nicht mehr als Teil der Welt, sondern sieht sich ihr gegenübergestellt. Er fühlt sich hineingeworfen in die Welt, wie die Existentialisten sagen. Auch Anfang und Ende, Geburt und Tod werden nicht nur zum Gegenüber für die eigene Person, sondern geraten auch in eine gegensätzliche Beziehung. Dann kann z. B. nicht mehr gesehen werden, dass geboren werden und sterben nur die beiden Seiten des einen Lebens sind.

Wer die Welt außerhalb ausschließlich im Modus der Getrenntheit wahrnimmt, für den wird sie schnell zur Bedrohung, die Angst erzeugt, weil sie mir feindlich erscheint, mich verschlingen oder mich fallen lassen kann. Um dieser Gefahr – eine Folge der Subjekt-Objekt-Spaltung und des Getrenntheitsdenkens – zur entgehen, macht sich der Mensch selbst zum Herrn der Welt, er nimmt allmählich die Stelle des Schöpfers ein und entfaltet seinen Gotteskomplex, der ihn von dieser Angst, die aus dem Getrenntsein erwächst, befreien soll.

Der Ich-Tod als Geburt des Selbst

Das nonduale Bewusstsein betrachtet demgegenüber Anfang und Ende, Geburt und Tod nicht als etwas Gegensätzliches oder Substantielles, wie die Substantive »Geburt« und »Tod« uns suggerieren. Was es mit dieser Substantivierung auf sich hat, lässt sich gut am Beispiel der Rede vom Tod verdeutlichen.

»Tod« ist ein Substantiv. In der abendländischen Tradition haben wir uns daran gewöhnt, Substantive für selbständig existierende Gebilde zu halten, so als käme ihnen eine unabhängige Substanz zu. Wenn wir Prozesse und Entwicklungen beschreiben, benutzen wir in der Regel Substantive. Z. B. wird der Vorgang des Zur-Welt-Kommens mit dem Substantiv »Geburt« bezeichnet, der Prozess der Wandlung am Ende des Lebens als »Tod«. Diese Substantive suggerieren, als seien damit eine Art Ding oder eine Substanz gemeint, eine seinsmäßige Realität, die es beim genaueren Hinschauen so aber nicht gibt. Substantive werden eben häufig mit Objekten oder Substanzen verwechselt. Sie erzeugen in uns das Bild einer objektiven Realität und wir durchschauen nicht mehr ihren Illusionscharakter. So geht es auch mit dem »Tod«. Wenn wir das Substantiv benutzen, erzeugt es in uns die Vorstellung, als gäbe es den Tod in der gleichen Weise, wie es den Stuhl gibt, auf dem wir gerade sitzen. Diese Verdinglichung des Todes lässt vergessen, dass es sich dabei um einen Prozess und nicht um einen Gegenstand handelt.

Wie man diesen Prozess des Sterbens zeitlich und inhaltlich definiert, ist eine Frage des Standpunktes und der Zweckmäßigkeit. In der Medizin ist es sinnvoll, damit die letzte Phase des Lebens zu beschreiben, wenn der Zeitpunkt des Versagens der Vitalfunktionen unumkehrbar ist. In der medizinischen Sterbeforschung wird vor allem das Zusammentreffen von subjektivem Sterbebewusstsein und objektiven Faktoren hingewiesen. In der philosophischen oder allgemein menschlichen Reflexion kann man sagen, dass der Prozess des Strebens mit der Geburt beginnt und das Leben selbst als ein permanentes Loslassen begriffen wird.

Dennoch macht es einen Sinn, vom Tod zu sprechen, aber nur, wenn wir ihn unterscheiden vom Prozess des Sterbens. Sterben ist eine Entwicklung oder ein Prozess, in dem die Vitalfunktionen wie Atmung, neuronale Prozesse, Blutkreislauf, Stoffwechsel und Temperaturregulation allmählich nachlassen und schließlich ihre Funktion einstellen. Der Tod als abstrakter Begriff bezeichnet lediglich die Grenze zwischen dem von seinen Vitalfunktionen lebendig gehaltenen Körper und dem toten Körper. Diese Grenze ist wiederum keine objektive, dinghafte Wirklichkeit, sondern ein mentales

Konstrukt, mit dem wir zwei Körperzustände zu unterscheiden versuchen. Aus der Untersuchung Strebender wissen wir, dass auch diese Vorstellung von zwei abgegrenzten Körperzuständen sehr relativ ist. Der Herztod kann eingetreten sein, andere Funktionen sind aber noch vorhanden. Auch der Hirntod ist nicht ein so eindeutiges Kriterium zu Feststellung der Grenze von lebendig und tot. Die biologische und philosophische Diskussion der letzten Jahrzehnte hat keine Eindeutigkeit ergeben, wie denn der Tod des Einzelnen zu definieren sei.

Dieser kleine Exkurs über den Tod sollte deutlich machen, wie Substantive dazu verführen, das mit ihnen bezeichnete wie eine substantielle, oft dingliche Realität zu verstehen. Dies gilt in besonderer Weise auch für unser Ich. In dem Moment, in dem der Körper seine Funktionen aufgibt und zerfällt, stirbt auch die Illusion, das Ich sei etwas Wirkliches. Mit dem Zerfall des Körpers vergeht unser Ich, denn das Ich ist an den Körper gebunden. Deshalb ist der Tod die Chance, die Illusion eines vermeintlich wirklichen Ichs zu durchschauen. Denn mit dem Ich-Tod wird das immaterielle, nonduale Selbst sichtbar. Es ist das einzige, was bleibt. Dieses Selbst ist nicht zu verwechseln mit einer Gegebenheit in der dualen Welt der Getrenntheit. Das Selbst ist kein Ding, kein Objekt, eher ein Nicht-Objekt, ein Zustand, ein Prozess. Wenn man dem immateriellen Selbst im Sinne der Welt der Objekte Realität zuspräche, hätte man das Ziel, solche Vorstellungen aufzugeben, verfehlt. Der Begriff »Selbst« ist sozusagen das Zugeständnis an die Sprache, die sich ja in der Welt der Subjekt-Objekt-Trennung bewegt.

Deshalb kommt es im spirituellen Leben darauf an, sich in diesen Zustand der Verbundenheit mit dem Wurzelgeflecht des Seins einzuüben. In meditativen und anderen Praktiken der Vergegenwärtigung versucht der Übende, mit dem nondualen Sein eins zu werden. Wenn der Meditierende ein Bewusstsein von der wahren Natur des Selbst erreicht hat, kann er sich einüben in die Kunst des Lassens und Loslassens, oder besser gesagt, er braucht sich gar nicht darum zu mühen, denn sie entsteht als Folge der Erkenntnis der Ungeschiedenheit von Selbst und nondualem Sein. Zur Frage nach dem Realitätsgehalt dieses nondualen Seins möchte ich abschließend zu diesem Kapitel die philosophisch-erkenntnistheoretische Problematik dieser Frage zumindest skizzieren.

Bringt das Bewusstsein die Wirklichkeit hervor oder die Wirklichkeit das Bewusstsein?

Eins sollte beim bisherigen Durchgang zur Erforschung des Selbst deutlich geworden sein: Ohne die Würdigung der psychologischen Bedeutung des Ichs bleibt die spirituelle Sicht auf das Selbst ohne Erdung. Ohne die spirituelle nonduale Sicht auf das Selbst bleibt das Ich eingeschlossen und gefesselt in sich selbst und verliert die Fähigkeit zur Überschreitung.

Wenn man nun beide Bewusstseinszustände – den dualen ichhaften und den nondualen selbsthaften Aspekt – in einen Dialog bringt, stellt sich die Frage, ob der nondualen Einheitserfahrung des Selbst eine ontologische, also seinshafte, transsubjektive Realität entspricht oder ob es sich dabei zwar um einen durchaus nützlichen Bewusstseinszustand handelt und nicht um eine objektive, unabhängig von unserem Bewusstsein existierende Realität.

Dazu zunächst ein Hinweis aus den Neurowissenschaften. Die weisheitlichen Bewegungen in Ost und West, also die nondualen Zugänge zur Wirklichkeit, bemühen sich, auch ihre eigenen Konzepte wie Selbst, Nondualität, Einssein als Illusion zu durchschauen. Die moderne Hirnforschung bestätigt diese Bemühung als zutreffend, indem sie aufzeigt, warum es so schwierig ist, dies anzuerkennen. Denn alle Begriffe, auch der von Nondualität, Illusion, Gegenwärtigkeit, Selbst, Allverbundenheit, zeitlosem Jetzt, Sein und Gott sind Repräsentationen im Gehirn. Das Gehirn weist im Hinblick auf die Bewertung dieser Vorstellungen eine Besonderheit auf: Weil es keinen Bezugspunkt außerhalb des neuronalen Netzwerkes gibt, erlebt es sich selbst als transparent und kann wegen dieser Transparenz die Repräsentationen nicht als Repräsentation von etwas durchschauen, sondern hält sie für Realität. So sind die Vorstellungen von Ich und Selbst nicht mehr als eine nützliche Repräsentation, damit wir handlungsfähig bleiben. Die Idee des Jetzt ist ebenso nützlich, weil sie die Zeit anhält und aus der physikalischen Zeit eine psychische Zeit macht, sie bleiben aber Produkte unserer neuronalen Aktivität — so der main-stream der Hirnforschung. Ihnen kommt keine objektive, transpersonale Realität zu. Das Argument lautet: Ohne Gehirne gäbe es die Welt nicht als Vorstellung! Gegen dieses Argument lässt sich folgendes einwenden: Auch die Idee, dass es solche Gehirne, ohne die es die Welt nicht gibt, ist eine Vorstellung, die das Gehirn aufgrund seiner Transparenz nicht mehr als seine eigene Vorstellung von sich selbst durchschaut.

Aber, so die sich daran anschließende Frage, sind die Vorstellungen von unserem Ich, von unserem Gehirn und alle anderen Konzepte nur nützlich und hilfreich, oder kommt ihnen auch trotz ihrer Anbindungen an die neuronalen Netzwerke des Gehirns ein Wahrheitsanspruch zu? Auf der neurowissenschaftlichen Ebene ist diese Frage nicht zu beantworten. Vereinfacht gesagt geht es um folgende Alternative: Bringt das beobachtende Ich-Bewusstsein das Jetzt und das Sein hervor oder bringt das Sein das Ich-Bewusstsein hervor? Gibt es eine Welt hinter der Welt unserer mentalen Konstrukte? Gibt es etwas Objektives hinter den subjektiven Konzepten?

Diese Frage beschäftigt die abendländische Philosophie seit ihrer Hoch-Zeit bei den alten Griechen, angefangen mit den Vorsokratikern, über die Klassiker Platon und Aristoteles und dem Neuplatonismus, bis heute. Dieses als Metaphysik bezeichnete Denken geht von der Annahme aus, dass es das eine Sein hinter den verschiedenen Erscheinungsformen der seienden Einzeldinge gibt, mithin eine objektive ontologische Wirklichkeit hinter den subjektiven

Wahrnehmungen existiert. Diese Annahme einer Welt hinter der Welt, von der die objektive Metaphysik ausgeht, wurde in den Aufklärungsprozessen des Denkens von Kant über die Systemtheorie bis zum radikalen Konstruktivismus und den modernen Kognitionswissenschaften in Frage gestellt.

Die moderne philosophische Erkenntnistheorie geht mehrheitlich davon aus, dass es immer denkende Subjekte sind, die die Aussage über die Welt machen, auch die Aussage, dass es ein zeitloses Jetzt, ein denkendes Subjekt, ein ewiges, nonduales Sein und ein absolutes Selbst gibt. Die Erfahrung dieser Schrift, dass durch Selbstbeobachtung Abstand von den Konzepten der Zeit und des Selbst gefunden werden kann und der Meditierende z. B. mit dem ewigen Jetzt eins wird und den Illusionscharakter seiner Selbstkonzepte wahrnimmt, all dies sind Erfahrungen und Aussagen von Subjekten. Wir können nicht sagen, ob diesen Erfahrungen eine objektive Realität entspricht, weil wir in allem an die eigene Subjektivität und das eigene Gehirn gebunden bleiben. Dass es sich dennoch um nützliche, heilsame und heilende Erfahrungen handeln kann, haben wir in den Schritten zur Erforschung des Selbst zu zeigen versucht. Aber aus der lebensfördernden Nützlichkeit der Erkenntnis der Einheit des Seins kann nicht geschlossen werden, dass es diese Einheit hinter aller Differenz und Dualität auch objektiv gibt. Genauso gilt aber auch das Gegenteil: die Behauptung, dass es die Nondualität als reines Sein hinter der Welt objektiv nicht gibt, ist wiederum eine Aussage, die einzelne Subjekte machen, die sich im Zustand der Dualität befinden. Deshalb kann auch einer solchen Verneinung einer objektiven Welt hinter der Welt keine absolute Wahrheit zukommen.

Vom spirituellen Standpunkt nondualer Zugänge zur Wirklichkeit erscheint die Frage nach der objektiven Gegebenheit des Seins und damit nach der Wahrheit als eine typisch dualistische Fragestellung. Denn diese Art von Wahrheitsfragen setzten voraus, dass es eine Instanz außerhalb des Beobachters gibt, anhand derer die

Wahrheit einer Beobachtung überprüft werden kann. Diese Instanz setzt Dualität voraus wie die Behauptung, dass es Gehirne gibt, die das Konzept »Gehirn« erzeugen. Genau diese Voraussetzung wird im nondualen Zugang nicht geteilt. Deshalb wird auch die Frage nach einer Wahrheit außerhalb des eigenen Selbst weder positiv noch negativ beantwortet. Sie bildet gar keine Kategorie.

Aber muss man deswegen resignieren? Keineswegs, wenn an die Stelle von objektiven Bezugspunkten außerhalb des Subjekts ein Prozessdenken tritt, welches von einem ständigen Fluss von Veränderungen ausgeht. Überhaupt wird die Idee von getrennten Objekten – ähnlich wie in der oben erwähnten Quantenphysik – überstiegen zugunsten der Vorstellung eines Beziehungsfeldes, welches die eigentliche Wirklichkeit darstellt. Deshalb stellt sich für den Meditierenden, der sich in der Haltung der Selbstbeobachtung befindet, die Frage nach der objektiven Wahrheit gar nicht. Und wenn sie sich dem Denken aufdrängt, wäre die Anhaftung an diese mentale Vorstellung aufzulösen, um wieder im Prozess zu sein.

Der dual denkende Philosoph wird hier wiederum einwenden, dass auch die Idee von Nondualität, Prozess und Veränderung Denkprodukte von begrenzten Subjekten sind. Wenn dieser Philosoph eher dem Realismus verbunden ist, wird er auf Bezugspunkten in der objektiven Realität bestehen, an denen auch die subjektiven Erfahrungen zu messen sind. Wenn er mehr dem Konstruktivismus angehört, wird ihm der Hinweis auf den Konstruktcharakter von Wirklichkeit genügen.

Angesichts dieser hier nur knapp skizzierten komplexen philosophischen Problematik muss die Frage nach der transsubjektiven Wahrheit eines nondualen Seins offenbleiben und wir müssen uns damit begnügen, dass die Nützlichkeit und Heilsamkeit, also die lebenspraktische Bedeutung der Erfahrung eines nondualen Selbst genügt.

3. Im Haus des Augenblicks

Das Haus ist eine Metapher für das nonduale Selbst. Das reale Haus, in dem wir wohnen, bildet ein eigenes Universum, das uns schützt vor den Konflikten und Anforderungen der Welt draußen. Auf der spirituellen Ebene steht das Zu-hause-Sein dafür, den dualen Bewusstseinszustand, den wir für das Leben außer Haus, in der Welt draußen, brauchen, zu transzendieren auf ein ungeteiltes Verbundenheitsbewusstsein hin, in dem es keine Trennung und keinen Verlust gibt. Wenn man nach Hause kommt, scheint es manchmal so, also ob die Zeit stillsteht und es nur die Gegenwart gibt. Das Haus steht somit als Symbol für diesen Zustand außerhalb der ablaufenden Zeit. Im Neuen Testament wird das Jenseits, also der Zustand außerhalb der Zeit, als Haus bezeichnet: «Im Hause meines Vaters sind viele Wohnungen...» (Joh 14,2). In diesem nondualen Bewusstseinszustand wird die Illusion von Zeit und damit die Illusion von Vergangenheit und Zukunft aufgegeben, denn die Zeit wirkt wie eine Trennung vom Jetzt und damit vom Einssein mit der nichtdualen, ewigen Wirklichkeit. Als Weg hin zu diesem Zustand der Zeitlosigkeit empfehlen die spirituell Erfahrenen die Selbstbeobachtung und die Lenkung der Aufmerksamkeit auf das, was im Moment geschieht.

Leben im Jetzt

Im Haus des Augenblicks gibt es keine Zeit. Der Augenblick ist ewig, das Jetzt ist ohne Zeit, ohne Anfang und Ende. Von der Ewigkeit des Augenblicks zu sprechen ist weder eine philosophische Ansicht noch eine religiöse Lehre, sondern eine Erfahrung, die jeder und jedem jederzeit zugänglich ist, wenn man sich freimacht von den verstandesmäßigen inneren Verbindungen mit der Vergangenheit und offen wird für die Zeitlosigkeit des Augenblicks.

Was aber genau ist der Augenblick? Ohne Zweifel meint er das Jetzt! Wenn das Jetzt zeitlos, also ewig ist, dürfte es keinen Anfang und kein Ende haben. Aber auch das wäre wieder zeitlich gedacht. Ewiges Jetzt wäre dann die ins Unendliche verlängerte Zeitvorstellung. Im Jetzt gibt es aber keinen Anfang und kein Ende, weil im Jetzt die zeitliche Aufeinanderfolge von Vergangenheit und Zukunft in eins fällt.

Da die meisten Menschen aber allzu sehr mit Vergangenheit und Zukunft beschäftigt sind, vermögen sie den Augenblick nur flüchtig wahrzunehmen. Diese nur momenthafte Wahrnehmung der Gegenwart nennen die Mystiker das nunc fluens, das fließende Jetzt, der Augenblick, der im Nu vergeht. Der Grund, warum wir in der Regel den Augenblick als flüchtig erleben, ist das Gedächtnis, das uns an die Vergangenheit bindet. Wie wir gesehen haben, verschafft die Erinnerung an früher unsrem Ich in gewisser Weise Beständigkeit und verleiht ihm Identität. Weil wir uns mittels Gedächtnisleistungen an die Vergangenheit erinnern, scheint das ein Beweis zu sein, dass es sie gibt und keineswegs eine Illusion ist. Hierin sehen die Mystiker einen entscheidenden Fehler, wenn sie auf etwas im Grund Banales hinweisen, dass nämlich die Erinnerung an die Vergangenheit im Jetzt geschieht. Das was wir für Vergangenheit halten, ist eine im Augenblick des Jetzt hervorgerufene Erinnerung, und diese Erinnerung ist selbst ein Jetzt. Man kann sich auf eine Situation im Jetzt einstellen und gleichzeitig mit Erinnerungen an die Vergangenheit beschäftigt sein. Beides findet parallel im Jetzt statt. Man ist dann nicht richtig anwesend, aber die gefühlte Nichtanwesenheit ereignet sich im Jetzt. Das eine kann in den Hintergrund treten und auf das Vordergrunderleben einwirken, aber dem Augenblick entfliehen kann man nicht.

Fließende und stehende Zeit

Eine weitere Annäherung an das Jetzt ist ein Nachdenken über die Zeit. Es gibt neben der objektiven physikalischen Zeit eine prozessuale Zeit. Wir stehen mit einem Bein in der objektiven Zeit, die messbar und darstellbar ist in Kalendern, Uhren usw. Mit dem anderen Bein stehen wir im Fluss der Zeit, die aus vielen »Jetzt« besteht.

Die Vorher-nachher-Einteilung der objektiven Zeit führt dazu, dass die Gegenwart zum Ort wird, indem wir die Vergangenheit und die Zukunft auswerten. Auf diese Weise wird die Gegenwart ihrer Gegenwärtigkeit beraubt. Wie wir zu ihr zurückfinden können, wird im nächsten Schritt entfaltet.

Ent-identifizierung

Wer einen Zugang zur ungeteilten Wirklichkeit des Seins und des Jetzt gefunden hat, vermag sich leichter von Verhaftungen an alte Identifikationen lösen. Das Aufgeben von gewachsenen mentalen Bindungen an alte Beziehungsszenen kann zunächst Angst machen, weil sich das Ich von diesen Identifikationen seine Identität und damit Stabilität und Sicherheit bezieht. Deshalb wird das Aufgeben dieser Bindungen zunächst als Verlust erlebt, der das Ich irritiert und verunsichert. Diese Irritation ergibt sich aus der Erkenntnis, dass sich die selbstverständliche Annahme, dass das, was sich in unseren mentalen Konzepten darstellt, auch tatsächlich der Wirklichkeit entspricht, als eine Illusion erweist.

Wenn jedoch ein Bewusstsein für das hinter dem Ich vorhandene Sein entstanden ist und die mentalen Anhaftungen an scheinbar vertraute Vorstellungen und Konzepte durchschaut werden, dann ist das Loslassen von alten Identifizierungen nicht mehr so angstbesetzt, sondern kann im Gegenteil als Schritt zur größeren Bewusstheit und Freiheit erlebt werden, weil ein Mensch dann offen und bereit ist, sich dem Augenblick hinzugeben und somit in einer Beziehungsszene etwas Neues entstehen zu lassen.

Wie ist dieser Prozess der Ent-identifizierung genauer zu verstehen? Zunächst sollte man sich bewusst machen, dass die Identifizierungen mit der Vergangenheit über den jeweilig aktuellen Erinnerungskontext aktiviert werden. Es hat also immer etwas mit den Erfahrungen der Gegenwart zu tun, welche alten Muster der Vergangenheit wachgerufen werden. Eine angstmachende Situation aus der Vergangenheit wird dann mit der Gegenwart verwechselt. Die Folge ist, dass jemand nicht fei ist, sich mit den Anforderungen der gegenwärtigen, angstauslösenden Situation auseinander zu setzten und situationsadäquate Lösungen zu finden. Je stärker jemand im Jetzt der Gegenwart lebt, desto mehr wird die Auflösung der Identifikation mit Szenen der Vergangenheit gefördert.

Durch beobachtende Gegenwärtigkeit wird den alten Identifizierungen mit Mustern der Vergangenheit Energie abgezogen, die nunmehr dem Erleben im Jetzt zur Verfügung steht. Wer beispielsweise in einer ihn kränkenden Situation mit einer alten schmerzhaften Erfahrung von Verletzung identifiziert bleibt, aktualisiert das alte Muster und macht es wirkmächtig in der Gegenwart. Die Folge ist, dass jemand dann nicht offen ist für eine neue Erfahrung im Jetzt, sondern nur den alten Schmerz und die damals erlebte Kränkung neu aufleben lassen. Durch Selbstbeobachtung wir dieser Kreislauf gestoppt, den alten Mustern ihre Energie entzogen und Raum geschaffen für Neues.

Die Ent-identifizierung nimmt unserer Vergangenheit, wie sie in den inneren Bildern und mentalen Konstrukten fortbesteht, ihre festlegende Kraft. Natürlich prägen uns unserer frühen familiären Beziehungen, aber sie legen uns nicht fest. Prägung ist nicht das Gleiche wie Festlegung, denn Prägung lässt Modifizierung und Veränderung durch Entwicklung zu. Wir können die historische Vergangenheit unseres Lebens, vor allem die Versagungen, Verletzungen, Konflikte und Funktionalisierungen nicht mehr ändern, wohl aber neue Erfahrungen damit machen. Aber genau genommen ist diese Vergangenheit auch nicht das Problem. Dieses besteht vielmehr darin, wie wir diese Vergangenheit in uns fortsetzen und sie zur Gegenwart machen. Wenn wir unsere kindliche Prägung nicht als unser heutiges Konstrukt durchschauen, wird die Kindheit zum Schicksal, das uns festlegt. Dann ist der Weg nicht mehr weit, Glaubenssätze über uns zu bilden, die dann wie eine unveränderliche Botschaft über dem eigenen Leben schwebt. Diese Botschaften bedürfen der besonderen Achtsamkeit, um ihnen ihre destruktive Energie zu entziehen und ihnen ihre Wirksamkeit zu nehmen. Wenn z. B. jemand kindlich mit Trotz oder Beleidigt-sein auf eine aktuelle Situation reagiert, denn wird eine vergangene Szene aktiviert. Veränderung kommt dadurch zustande, dass der Identifikation mit einer solchen Szene ihre Energie entzogen wird, wenn sich der Focus der Aufmerksamkeit nicht auf das Ich, sondern auf die aktuelle Situation und die dort anzutreffenden Bedürfnisse richtet.

Als Beispiel zitiere ich eine typische Beziehungsszene:

Eine Frau fühlt sich von ihrem Mann verletzt, weil dieser sie nicht genügend beachtet und ihr nicht die Aufmerksamkeit gibt, die sie sich wünscht. Das Verhalten des Mannes, der seine Frau nicht bewusst verletzen will, löst in der Frau die Aktivierung einer vergangenen Szene aus, die das Verletzungsgefühl bewirkte. Sie wurde oft von ihrem Vater übersehen und bekam von ihm wenig Resonanz auf ihre Person, worunter sie sehr gelitten hat. Weil sie sich von dieser Erfahrung noch nicht gelöst hat, bleibt die Besetzung der vergangenen Szene erhalten, wodurch diese in die Gegenwart verlängert wird. Aufmerksamkeitsbesetzung bestünde nun darin, zu prüfen, ob die reale Szene mit ihrem Mann es verdient, mit einer alten Erfahrung bearbeitet zu werden. Dann käme z. B. die Einsicht dabei heraus, dass es nicht klug ist, dem Mann so viel Macht zu geben, dass er sie verletzen kann. Sie könnte sehen, dass er aus anderen, in ihm selbst liegenden Motiven und Erfahrungen so handelt, wie er handelt. Vielleicht ist er selbst zu wenig beachtet worden und verfügt nicht über die Fähigkeit, Rückmeldung und Resonanz zu geben. Die Frau könnte dann sehen, dass ihr Mann auch ein Problem hat und nicht nur sie. Sie wäre dann freier, zu entscheiden, ob sie sich von seinem Verhalten verletzten lassen will oder sich davon distanziert. Sie ist dann mehr Subjekt als Objekt und entscheidet selbst, wie sie sich fühlen will.

Eine solche Aufmerksamkeitsbesetzung gelingt besser, wenn ein Kontakt zum Selbst besteht. Unter Berücksichtigung der im vorigen Kapitel skizzierten Erweiterung des dualen um das nonduale Bewusstsein könnte man den Selbst-Zustand der Allverbundenheit als einen Zustand bezeichnen, der gerade in der Überwindung der ichhaften Identifizierungen mit Gedanken über sich selbst, die Anderen und die Welt besteht. Das nonduale, absolute Selbst wäre ein Zustand, der dem Ich die Aufmerksamkeit entzieht und damit das Verhaftet-Sein an Gedanken über die Vergangenheit auflöst. Genau genommen müsste man sagen, dass es eben kein Ich-Zustand, sondern ein Selbst-Zustand ist, weil er gerade die Ichhaftigkeit im Sinne der Identifizierung überwunden wird.

Selbstkonzepte loslassen

Besonders bei gesellschaftlich geprägten Identitäts- und Rollenkonzepten wie etwa dem Mann- oder Frausein oder bei Schmerzzuständen, psychischen Symptomen und Angststörungen zeigt sich die befreiende Wirkung, wenn ein solcher, von Konzepten weitgehend freier Selbst-Zustand, aktiviert wird und sich die Identifizierungen mit einengenden und festlegenden Identitätskonzepten immer weiter lockern können. Wie sehr die Identifikation mit solchen kulturell abgesicherten Identitäten fehlende Bindungen an etwas Haltgebendes ersetzt, zeigen Untersuchungen bei Schmerzpatienten. Diese haben ergeben, dass 70% dieses Klientels nach dem Bindungskonzept von Bowlby unsicher gebunden sind. Die mangelnde Bindung wird offenbar durch die »Bindung« an den Schmerz kompensatorisch ersetzt. Dadurch bekommt der Schmerz eine stabilisierende emotionale Bedeutung, auf die nicht einfach verzichtet werden kann, auch wenn jemand bewusst und willentlich seinen Schmerz hinter sich lassen möchte.

In der Psychotherapie ist es die allmählich aufgebaute und eine Zeitlang bestehende Bindung an den Therapeuten, die mitunter den Schmerz oder andere Symptome überflüssig macht. Im spirituellen Sinn ist es die Bindung an ein unzerstörbares Objekt, also an das nonduale Selbst, das Sein und das Jetzt. Die Sicherheit des unzerstörbaren Selbst bildet eine motivationale Basis, die Identifikation mit dem Schmerz oder mit anderen unheilvollen und einengenden Identifizierungen aufzugeben.

Außer sich sein – bei sich selbst sein

Die spirituelle Erfahrung des Einsseins mit dem Jetzt, in dem es keinen Tod im Sinne eines Gegenübers und keine ablaufende Zeit gibt, ist zu unterscheiden von einer regressiven, rückwärtsgewandten Sehnsucht nach dem verlorenen Paradies, wie sie oft als Abwehr von Entwicklung und Progression vorkommt. Hier möchte ich nochmals darauf hinweisen, dass die psychologische Ich-Werdung nicht mit der spirituellen Ich-Überschreitung auf ein nonduales Bewusstsein hin verwechselt werden darf. Ein entwickeltes und funktionsfähiges Ich ist die unabdingbare Voraussetzung, dass es zu einer Überschreitung eben diese Ichs kommen kann. Diese Überschreitung besteht in der ständigen Selbstergründung als einer Form des Bei-sich-zu-Hause-Seins. Das absolute Selbst realisiert sich dort, wo nach dem Grund der Identifikation des Ichs mit Objekten, Gefühlen und Gedanken geforscht wird. Diese Erforschung leistet das Ich – paradoxerweise mit dem Ziel, der Ich-Aufblähung etwas entgegenzusetzen. Dies ist zu vergleichen mit einem Verlassen des Ichs und einem Ankommen beim absoluten Selbst. Die Metapher des Hauses bietet sich an, um diesem Selbst einen symbolischen Ort zu geben.

4. Bei sich zu Hause sein

Das Haus als Selbst-Symbol

Das Haus oder die Wohnung mit ihren uns umgebenen Wänden haben die Funktion einer »dritten Haut«, die uns schützt und abgrenzt von der Welt draußen. So wie wir uns aufgehoben und vertraut fühlen, wenn wir in unsere Wohnräume zurückkehren und allen Stress der Außenwelt hinter uns lassen, so können wir diese Bewegung der Rückkehr zu sich selbst auch auf der spirituellen Ebene ausführen. Das Haus, das uns mit seinen Wänden schützt, ist wie ein umgebendes Universum oder eine kulturelle Placenta, die uns das Grundgefühl der Gehalten-Seins und des Aufgeboben-Seins in einem größeren, uns umgebenen Ganzen geben.

Einen Zugang zu dieser Erfahrung besteht in der meditativen Betrachtung der eigenen Wohnung, des eigenen Zimmers. Wenn man den eigenen Raum, in dem man sich befindet, absichtslos betrachtet, was so viel heißt wie in ihm nichts zu tun, sondern in ihm zu sein, dann erschließt sich der Raum nicht nur als meine dritte Haut, sondern er wird zum Resonanzboden für die Schwingungen unseres Selbst. Durch die Entwicklung der Zentralperspektive in der Malerei der Renaissance wird der Betrachter zum Gegenüber des Raumes. Raum und Person werden getrennt. Demgegenüber kann man den Raum aber auch ungetrennt von der eignen Person erleben. Dadurch wird er zu einem Teil des eigenen Selbst, eben zur dritten Haut. Wenn man sich so meditativ-betrachtend als Teil eines Raumes erlebt, ist dies eine Hilfe, die Vormachtstellung des denkenden und ständig bewertenden Ichs einzuschränken und die Erfahrung der Verbundenheit und Einheit mit anderen Menschen und mit dem Kosmos zu begünstigen. Der innere Raum, der Kern des Selbst, den die Wohnung versinnbildlicht, beginnt zu schwingen.

Der entwicklungspsychologische Aspekt des Selbst liegt in der vorgeburtlichen Erfahrung des Enthalten Seins, in der Ungeschiedenheit und Einheit mit dem mutterleiblichen Mikrokosmos. Wer diesen inneren Raum in sich selbst aufspürt und ihn betritt, wird Teil jener ursprünglichen Einheit, die aller Dualität, Differenz und Geschiedenheit vorausgeht. Mit dem ersten Raum, der uns nach der Einnistung der befruchteten Eizelle in die Gebärmutter zur Verfügung gestellt wurde, verbindet sich das Gefühl des Ungetrennt Seins und der Einheit. Danach erlebt der Fötus einen Zustand der Zeitlosigkeit, weil Zeit im Sinne der ablaufenden Zeit erst mit der verzögerten Bedürfnisbefriedung einsetzt. Wegen der Rundumversorgung erlebt der Fötus aber noch kein vorher und nachher und folglich auch keine Zeit. Er erlebt auch keinen Raum im Sinne einer Begrenzung, sondern ist freischwebend, verbunden mit allem, ohne Grenze. Vor allem in spirituellen, mystischen und meditativen Erfahrungen wird dieses Bewusstsein der Alleinheit und Ewigkeit als ein Zustand beschrieben, der jenseits des Ichs liegt, transpersonal ist und die Welt der Dualität und Polarität überschreitet. Wir Menschen können diesen Zustand des ewigen Jetzt wohl nur deshalb beschreiben, weil Reste des Erlebens aus dieser frühen Zeit der Einheit, der Zeit- und Raumlosigkeit, in uns erhalten geblieben sind, auf denen die Alleinheits- und Ewigkeitserfahrung aufbauen.

Unsere Wohnung kann uns als Symbol der ersten Hülle, aus der wir erwachsen sind, diese Erfahrung in Erinnerung halten. Sie verweist auf den inneren Raum, der in uns liegt und den wir jederzeit betreten können und in den der Rückzug möglich ist, wenn eine bedrängende Situation es erfordert. So wie wir die Wohnung betreten, um uns vor allzu belastenden Erfahrungen der Welt »draußen« zu schützen, so kann der innere Raum als Ort jenseits der Konflikte und Ambivalenzen aufgesucht werden. Es ist sozusagen ein Verlassen des Ich und ein Ankommen in unserem Selbst. In gewisser Weise ist dieser innere Raum unsterblich, weil er immateriell ist.

Auch dabei kann die meditative Betrachtung der Wohnung hilfreich sein, weil sie zu einem Gewahr Werden der eigenen Begrenztheit und Sterblichkeit führen kann. Das Gegenteil von einem meditativen Zugang zum eigenen Raum ist das ich-hafte Verhaftet Sein mit der eigenen Wohnung. Es verhindert, Abstand zur ihr zu finden und das notwendige Verlassen der Wohnung zu realisieren. Ein Tag wird der letzte sein, den wir lebend in unserer Wohnung verbringen. Dies zu realisieren und zu integrieren ist eine Frucht des heilsamen Umgangs mit der eigenen Wohnung. Wo die Sterblichkeit, das »Abbrechen des Hauses« nicht integriert ist, verbreitet der Tod Angst und Schrecken und muss gemieden werden. Die ich-hafte Auflehnung gegen den Tod führt zur phobischen Vermeidung des Gedankens an die eigene Sterblichkeit und zu unrealistischen Größenphantasien in Gestalt von Gedanken über die eigene Todesüberlegenheit. Wo jedoch das vorgeburtlich entstandene Gefühl der Einheit und Verbundenheit mit dem Sein und dem Jetzt aktiviert ist, erscheint der Tod als ein Zustand, in dem sich das ursprüngliche fötale Einssein vollendet und wir wieder in einen Zustand der Zeit- und Raumlosigkeit, des ewigen Jetzt, überwechseln. Dieses Wohn-Selbst ist jener Teil von uns, der sich beim Zerfallen des Hauses, also im Streben, mit dem größeren Raum, der uns umgibt, verbindet und uns einfügt in ein größeres Ganzes, in einen kosmischen Zusammenhang. Dieser Transformationsvorgang des Sterbens wird in der Sprache der Mythen und Religionen gerne als ein Verlassen des Hauses beschrieben und als ein Wiederfinden einer neuen Wohnung.

Jenseits von personalen Beziehungen

Dieses Bei-sich-zu-Hause-sein-Können ist eine zutiefst spirituelle Erfahrung, da das innere Haus nicht intersubjektiv und beziehungspsychologisch strukturiert ist, sondern als Symbol für das uns umgebende große Ganze jenseits der personalen Beziehungen liegt. Bei sich-zu-Hause-Sein steht für den Kontakt zum absoluten Selbst und beschreibt das Verweilen im nondualen Bewusstsein. Dieses Haus ist unzerstörbar, weil es weder aus Vergangenheit noch aus Beziehungen und deren Repräsentanzen im Ich gebaut ist. Es überdauert selbst den Tod, da es nicht ans sterbliche und vergängliche Ich gebunden ist. Das absolute Selbst steht für das Einssein mit der nondualen Wirklichkeit, während der Tod des an den Körper gebunden Ichs in den Bereich der dualen Welt der äußeren Erscheinungen und Phänomene fällt und Raum und Zeit unterliegt – und deshalb sterblich ist.

Es gibt oft Momente im Leben, in denen die Gewissheit eines solchen inneren Zuhauses für einen Moment aufleuchtet. Der Rückzug in dieses Haus ist keine Regression und keine Flucht, sondern der Wechsel zum absoluten Selbst, aus dessen Perspektive die Konflikte in Beziehungen, die Ängste und Schmerzen, kurz die Leiden des Ichs als Illusionen erscheinen, von denen selbst der Tod nicht ausgenommen ist. Dieses Bei-sich-selbst-zu-Hause-sein-Können entsteht durch die Gewissheit der Verbundenheit mit dem Ganzen, denn das eigene innere Haus ist nicht Teil des empirischen Ichs, sondern eine Metapher für das absolute Selbst. Dieses Verbundenheitsgefühl mit dem Ganzen, dass alles umgibt, entsteht in dem Maße, in dem das Getrennt-Sein des Ichs als Illusion erkannt wird.

Die Fähigkeit, sich in das eigene innere Haus zurückziehen können, in dem es kein Ich und kein Du mehr gibt, wirkt sich auch auf die Gestaltung von zwischenmenschlichen Beziehungen fruchtbar aus. Sie erlaubt es, den gewöhnlichen Kampf um die richtigen Sichtweisen aufzugeben, der so oft zu Konflikten und Zerwürfnissen führt. Der erste Schritt ist die Rücknahme der Projektion. So kann z. B. der Vorwurf »Du verletzt mich«, wie er in Beziehungen auftaucht, entschärft werden dadurch, dass mir klar ist, dass nur ich mich verletzen lassen kann durch bestimmte Verhaltensweisen des Anderen und ich dafür die Verantwortung zu tragen habe.

Die Bereitschaft, zu erkennen, dass es eine Illusion ist, dass der Andere mich verletzt, bricht den Teufelskreis von Schuldzuweisung und Rechtfertigung auf. Ich spüre dann plötzlich meinen eigenen Schmerz und begreife, dass durch das Verhalten des Anderen und meine spezifische Verletzungsbereitschaft eine alte Wunde aufgerissen wurde, die immer wieder eine neue Bühne sucht. Hier wirkt die Entidentifizierung besonderes heilsam, wenn ich mich auf das Jetzt einlasse und zu neuen Erfahrungen bereit bin, d. h. wenn ich das Verhaftet-Sein mit alten Konzepten und Repräsentanzen in mir aufgebe. Dann ist es nicht mehr meine Verletzung, sondern ich sehe das Handeln des Anderen und kann bestenfalls erkennen, dass er oder sie ein Problem hat, vielleicht eines, dass meinem Schmerz sehr ähnlich ist. Dadurch entsteht einerseits Differenzierung durch innere Trennungsarbeit und andererseits eine Verbundenheitsgefühl über die Erfahrung, dass z. B. in einer Partnerschaft beide aus einer alten Verletzung heraus handeln bzw. reagieren. Indem dies bewusst wird, ist die alte Identifizierung mit einem vergangenen Schmerz aufgelöst und es entsteht Raum für Neues im Jetzt.

Die Gewissheit, bei sich selbst und verbunden zu sein und dass nichts zerbricht, wenn sich die alten Identifikationen z. B. mit einem Schmerzkörper auflösen und ihnen dadurch die Energie entzogen wird, stellt sich eher ein, wenn es eine Verbindung mit dem absoluten Selbst gibt. Denn die Erfahrung einer nondualen Wirklichkeit als Hintergrund des eigenen Ichs mildert die Angst, die eigenen ichhaften Identifikationen als Illusion zu durchschauen.

Meditation

Folgende Mediation wird als Gehmediation durchgeführt. Dabei wird folgendes Mantra halblaut gesprochen bzw. gemurmelt:
Es ist, es ist nicht, es ist, was es ist.
Bei jedem Schritt wird ein Halbsatz des Mantras gesprochen:
Erster Schritt: es ist
Zweiter Schritt: es ist nicht

Dritter Schritt: es ist
Vierter Schritt: was es ist

Mit dieser Mantra-Meditation wird die Paradoxie ausgedrückt,
dass wir einerseits mentale Konzepte brauchen und diese als
Realität nehmen (»es ist«) und diese gleichzeitig als Illusion
erkennen (»es ist nicht«) und die Bindung an sie aufgeben.
Beides integriert sich im letzten Halbsatz («es ist, was es ist»):
Die Wirklichkeit ist Realität und Illusion zugleich!

Die Projektion zurücknehmen

Mit den Hinweisen auf die unbewusste Identifizierung mit mentalen Konzepten und geläufigen Vorstellungen soll auf eine Tendenz
hingewiesen werden, die uns von uns selbst wegführt und uns in
unselige Verstrickungen mit anderen Menschen führt: Wir sprechen
von Projektionen, die und uns aus dem eigenen Haus wegführen
und uns dazu verleiten, uns im inneren Haus des Anderen zu bewegen, ohne dies mitzubekommen. Weil die spirituelle Erfahrung
des Jetzt und die Aufmerksamkeit für das, was im eigenen Inneren
vorgeht, so bedeutend und hilfreich ist für die Überwindung der
Projektion, möchte ich zunächst die psychologisch-psychoanaly-
tische Sicht auf die Projektion darstellen. Mit diesem Hintergrund
lässt sich der spirituelle Weg für die Zurücknahme der Projektionen
besser verstehen.

Projektionen sind ein allgemein menschliches Phänomen, was besonders in zwischenmenschlichen Beziehungen auftritt und, wenn
sie nicht verstanden und aufgelöst werden, zu Verwicklungen und
emotionaler Abhängigkeit führen. Wir unterscheiden einfache und
komplexe Formen von Projektion, die unbewusst sein können und
deshalb hartnäckig Beziehungen vergiften können. Projektionen
zählen in der Psychoanalyse zu den Abwehrmechanismen, welche

immer ambivalent sind: Sie können schützen und aufbauen wie auch blockieren und zerstören. Eine Projektion ist in diesem Sinne zunächst einmal ein Aufbaumechanismus in menschlichen Beziehungen. Wenn ich nicht auf den Anderen, der mir begegnet, eine positive oder idealisierende Phantasie projiziere, käme es niemals zu Kontakt und Begegnung. Vermutlich hat diese positive Zuschreibung auch in der Evolution zum Überleben unserer Gattung beigetragen und das Überhandnehmen von Aggression verhindert. Ein Beispiel, das wohl jeder kennt, ist der Zustand der Verliebtheit. In der Verliebtheitsphase trägt die projektive Zuschreibung von gewünschten, erregenden und anziehenden Seiten einer Person zur Kontaktaufnahme bei und bewirkt am Beginn einer Paarbeziehung, dass es überhaupt zu einer Annäherung kommt. Die negativen Aspekte werden ausgeblendet, sonst käme es vermutlich erst gar nicht zur Kontaktaufnahme. Trotz dieser positiven Funktion sind Projektionen Zuschreibungen, die aus dem inneren der eigenen Person kommen und die auf dem Weg des »Hinüberwerfens« dem Anderen angesonnen werden, was deren negative Folgen bewirkt. Projektionen sind wie Ostereier, die jemand findet, nachdem er sie zuvor selbst versteckt hat. Entscheidend ist, dass man sich dieser Projektionen bewusst wird bzw. der Empfänger solcher projektiven Zuschreibungen sich von ihnen abgrenzt, sie zurückweist, sie nicht auf sich bezieht und sich so vor ihnen schützt.

Bleiben wir noch einen Moment bei den inneren Beweggründen, die uns zum Projizieren anstiften. Wer einem anderen Menschen etwas anhängt, z. B., dass man denkt, jemand sei verärgert über einen selbst, liegt darin, die eigene Person von solchen Gefühlen rein zu halten. Unangenehme innere Zustände wie Traurigkeit, Ärger, Wut, Eifersucht, Scham, Selbstzweifel werden dann über den Weg des »Hinüberwerfens« – das heißt ja projizieren – in einem anderen untergebracht. Man muss dann diese Gefühle nicht als zum eigenen Selbst gehörig erleben, sondern kann sie im anderen »bearbeiten«. Dies hängt mit der menschlichen Grundsituation zusammen, dass wir nicht so gut ausgestattet sind, dass wir alle unliebsamen Gefühle und Gedanken in uns halten und aushalten können. Machen wir uns bewusst, dass wir Menschen mit nur wenigen natürlichen Instinkten ausgestattet sind, sondern unsere Fähigkeiten im Umgang mit uns selbst erlernen müssen, und zwar durch Beziehungen. Schauen wir uns das noch etwas genauer an.

Konstitutioneller Mangel

Alle gut gemeinten Beziehungsangebote der Eltern fügen dem Kind immer auch einen Mangel zu. Der Grund liegt darin, dass es zwischen Eltern und Kind immer eine unaufhebbare Differenz gibt und deshalb die Bedürfnisse des Kindes mit den Angeboten der Eltern nie ganz zusammenpassen. Insofern ist die Idee von der vollkommen glücklichen Kindheit eine Leugnung dieser Differenz und eine Illusion, wodurch die damit verbundene Kränkung abwehrt werden. Die Differenz zwischen Kind und Eltern führt also zu emotionalen Entbehrungen und Funktionalisierungen, die sich bis zur Beziehungs-Traumatisierung steigern können. Ist dies der Fall, wird verhindert, dass ein Kind ein stabiles und tragendes inneres Selbstgefühl entwickeln kann. An die Stelle einer gesunden Selbstliebe tritt dann eine krankhafte Selbstsucht, wodurch Scham- und Minderwertigkeitsgefühle ebenso abgewehrt werden wie Angst, Hoffnungslosigkeit und die Gefahr des Selbstzerfalls. Ein Kind, das wegen der fehlenden Anerkennung und Wertschätzung durch die frühen Beziehungspersonen die beschämende innere Überzeugung aufgebaut hat, ein unbedeutendes Nichts zu sein, steht damit vor dem Konflikt, die Wut über diese Kränkungen und Verletzungen einerseits zu spüren, sie aber wegen der Gefahr des Liebesverlustes nicht zeigen zu können. Denn immerhin ist das Kind von seinen Eltern abhängig und liebt sie. Deshalb kann es sich nicht erlauben, seine Wut und Enttäuschung auszudrücken. Diese wird dann aktiv versteckt, unterdrückt und verdrängt. Aber im Vergessen liegt keine Lösung. Im Verborgenen wirken die Aggressionen fort und richten sich gegen das eigene Selbst. Über den Mechanismus der Projektion werden diese verdrängten Gefühle wie »böse« Fremdkörper im eigenen Selbst erlebt. Um sich von ihnen zu befreien, werden sie auf andere übertragen und dort bekämpft. In dem Augenblick, in dem wir eine Beziehung im Sinne einer Partnerschaft eingehen, tauchen sie wieder auf. Bereits das Motiv für die Partnerwahl kann von dem geheimen Wunsch bestimmt sein, dass der Mensch, mit dem eine Beziehung eingegangen wird, die eigenen seelischen Schmerzen lindern, die inneren Fremdkörper verwandeln und mit den erlittenen Verletzungen einfühlsam umgehen kann. Dieser therapeutische Wunsch überfordert natürlich jeden Partner und führt zu neuen Enttäuschungen und Verletzungen. Der Teufelskreis schließt sich.

Der entzogene Blick: Orpheus und Eurydike

Der große abendländische Mythos von Orpheus und Eurydike hält einige wichtige Einsichten bereit zum Thema »Projektionen zurücknehmen«. Es ist auch die Geschichte des Loslassens, die erzählt, wie dies gelingen kann. Vergegenwärtigen uns – skizzenhaft – seinen Inhalt:

Eurydike ist durch einen Schlangenbiss, den ihr Geliebter Aristaios, der sie eifersüchtig verfolgte, ihr zugefügt hat, frühzeitig gestorben. Die Trauer über den Verlust, die Orpheus empfindet und sein Gesang, erweicht die Götter der Unterwelt, so dass sie ihm den Zutritt in die Unterwelt erlauben. Auf Grund des Zuredens der Persephone gestattet der finstere Hades, dass Orpheus Eurydike mitnehmen darf ins Reich der Lebenden. An eine Bedingung freilich ist dies geknüpft, dass er sich nach ihr nicht umblicken darf, bis sie die Unterwelt verlassen haben. Aber Orpheus hält dieses

Blickverbot nicht aus, er bricht das Tabu, schaut sich nach Eurydike um und sie entgleitet endgültig seinem Blick und kehrt zurück ins Reich des Todes. Sieben Tage, so heißt es bei Ovid, saß Orpheus am Ufer, von Gram entstellt, ohne zu essen.

Die Frucht dieser inneren Arbeit, wenn sie Orpheus gelungen wäre, besteht dem Mythos zufolge darin, dass die Götter ihm zusagen, dass er Eurydike wieder mitnehmen darf ins Reich der Lebenden. Er hätte sie also auf eine neue Weise zurückgewonnen, nach einem inneren Wandlungsprozess. Die Götter knüpfen an die Erlaubnis, Eurydike mitzunehmen, eine Bedingung: Orpheus darf sich nicht nach ihr umblicken, bevor sie beide die Unterwelt verlassen haben. Dieses Verbot liest sich wie die Aufforderung, die Projektion zurückzunehmen. Orpheus soll den Blick in sein eigenes Inneres richten, statt Eurydike anzuschauen. Dieses Tabu des entzogenen Blicks ist verführerisch, setzen Tabus einerseits Grenzen und laden andererseits zu deren Übertreten ein. Orpheus hält sich nicht an das Verbot, er blickt zurück und verliert Eurydike für immer. Typisch für den Mythos ist es, dass er es der Phantasie überlässt, was geschehen wäre, wenn Orpheus sich an das Verbot der Götter gehalten hätte. Der Sinn dieser Geschichte erschließt sich erst, wenn man sich im Modus des »was wäre, wenn« vorstellt, was möglich gewesen wäre, wenn das Verbot des Blickes von Orpheus eingehalten worden wäre.

Das Verbot, zurückzublicken, suspendiert den Blick. Der fehlende Blick schafft Distanz, er hebt die Verschmelzung auf. Anblicken ist wie vereinigen, das Auge ist an anderer Mund, in dem wir uns das geliebte und Befriedigung gebende Objekt einverleiben. Diese ebenso verständliche wie gefährliche Einverleibung des Anderen führt dazu, dass er wie ein Selbstanteil erlebt und seiner Eigenart und seines Anders sein beraubt wird. In Paarbeziehungen geht dann das Differenzgefühl verloren und der selige Zustand der Verschmelzung wird bald abgelöst von der Angst, von anderen verschlungen oder weggestoßen zu werden. Der entzogene Blick steht für die Wiedergewinnung von Differenz, in dem der Modus der fusionären Einheit durch Entzug des Blicks beendet wird. In Kunst und religiösen Ritualen gehört die Suspendierung des Blicks durch Verhüllung von Gegenständen zum festen Bestand, wodurch sich etwas Paradoxes zeigt. Die Verhüllung schafft Distanz und damit eine neue Gegenwart des dem Blick Entzogenen. Wenn Orpheus diese Distanz des Blicks, symbolisch die Differenz von Ich und Du, ausgehalten hätte, wäre ihm Eurydike auf neue, andere Weise gegenwärtig geworden. Paartherapeutisch gesprochen hätte sich ihre Beziehung von einer fusionären Verschmelzung mit ihren projektiven Verzerrungen zu einer differenzierten Paarbeziehung zweier innerlich getrennter Menschen entwickelt. Diese Differenz ist die Voraussetzung, dass der geliebte Andere innerpsychisch präsent sein kann und man die äußere Gegenwart nicht ständen erzwingen muss, um sich verbunden zu fühlen. Es ist der Wechsel von der Realgegenwart zu einer symbolisch vermittelten, psychischen Gegenwart, die der Mythos durch das Tabu des Blicks in Aussicht stellt.

Abschiedlich leben oder die Kunst des Lassens

Darin kommt die innere Bewegung der Kunst, abschiedlich zu leben, zum Ausdruck. Was man als inneren Besitz behalten will, muss äußerlich losgelassen werden. Es ist das Geheimnis der abwesenden Anwesenheit, der getrennten Nähe, ein scheinbarer Widerspruch, der die Rationalität unseres Verstandes kaum zu befrieden mag, aber in unserem Seelenleben eine bedeutende Rolle spielt.

Ein Blick in die Entwicklung des Kindes mag dies verdeutlichen. Die Anwesenheit der Mutter ist für das Kleinkind ebenso wichtig wie deren zeitweise Abwesenheit. Die Anwesenheit und Präsenz der Mutter erzeugt für das Kind Bindungssicherheit, durch die Abwesenheit wird die Mutter aber erst verinnerlicht. Dadurch wird zu zur inneren Mutter, also zu einer Instanz, die Gewissheit, Trost und Hoffnung ermöglicht. Dabei ist natürlich wichtig, dass die Trennung von der Mutter das Kind nicht überfordert. So darf die Mutter nicht zu lange abwesend sein, nur so lange, wie sich das Kleinkind der Rückkehr einigermaßen sicher ist. Damit also die äußere Mutter zu einem guten inneren Objekt wird, ist deren Abwesenheit unabdingbar. Darüber hinaus sorgt die Abwesenheit der Mutter dafür, dass sich das Kind Übergangsobjekte schafft, den Teddybär oder den Zipfel der Decke, die die anwesende Mutter repräsentieren. Diese sind sozusagen die Vorläufer der Kultur, durch die sich der Mensch ja auch einen Ersatz für das verlorene Paradies schafft. Abschiedlich leben ist sozusagen die Fähigkeit, die aus dem Menschen ein kulturschaffendes Wesen macht. Das große Hindernis, dass sich dem abschiedlichen Loslassen in den Weg stellt, ist das Gefühl von Verlust und die damit einhergehende Angst.

Machen wir uns deshalb bewusst, welche alltäglichen Abwehr formen es gibt, Abschied zu vermeiden bzw. ihn zu ignorieren.

Eine beliebte Form ist die **Entwertung:** »Es hat doch nichts gebracht« So reden wir am Ende von einem schönen Urlaub: es ist sowieso viel zu teuer und zu laut hier. Der Abschied schmerzt dann nicht so!

Oder die **Verleugnung:** Es geht ja doch alles wie bisher weiter, was ändert sich schon! Das Ende hat nichts zu bedeuten.

Eine weitere Form ist die **Rationalisierung**: So ist das Leben eben! Das ist der Lauf der Welt!

Oder wir i**dealisieren** das, was zu Ende geht**:** Sowas gibt es nicht wieder! Es war das Beste, was es gab!

Dem verwandt ist die **Emotionalisierung,** z. B. durch Wut: Unverschämt, dass die Verantwortlichen es zugelassen haben!

Besonders »praktisch« ist die **Projektion:** Für die anderen muss es sehr schlimm sein ... . Wir selbst sind dann die Gefühle los.

Auch das sog. **Agieren** gehört zu den Abwehrformen der Gefühle von Trauer und Schmerz. Agieren heißt, die Gefühle schnell in Betriebsamkeit umsetzen: Wir starten eine Bürgerinitiative! Wir verklagen den Verantwortlichen usw.

Abschiedlich leben hat also etwas damit zu tun, das Begrenzte, Vorläufige, zeitlich nicht ewig Dauernde wert zu schätzen und lieben zu lernen. Wer sagt eigentlich, dass ein Mensch, eine Sache, eine Institution, eine Idee dadurch gut und wertvoll wird, dass sie grenzenlos, ohne Ende existiert. Nein, es ist umgekehrt: In der Begrenzung liegt ihr Wert und ihre Einmaligkeit. Ja, ich möchte es noch steigern: Wir können nur das zum inneren Besitz nehmen, was wir zuvor losgelassen haben. Wir können nur haben, was wir nicht besitzen, jedenfalls nicht auf Dauer. Haben meint hier, es als inneren Besitz zur Verfügung zu haben. Diese Paradoxie wird besonders deutlich bei dem Vorgang, wie ein Kind die »gute« Mutter verinnerlicht. Für diese Verinnerlichung ist die vorübergehende Abwesenheit der Mutter die unbedingte Voraussetzung. Wäre sie ständig anwesend, wurde die Fürsorgliche und haltende Funktion der Mutter nicht zum inneren Besitz des Kindes.

Bei-sich-zu-Hause-Sein ist also die Frucht der Zurücknahme der Projektion. Wer seine Gefühle und Gedanken nicht im anderen unterbringt, um sie dort zu bekämpfen, sondern sie als zu sich selbst gehörig erlebt, befindet sich im Zustand des Bei-sich-seins. Es ist das nonduale Selbst, welches als Abwesenheit von Dualität erlebt wird. In den spirituellen Traditionen wird dieser Zustand auch als Leere beschrieben. Es ist häufig die Angst vor dieser Leere, die uns dazu führt, das innere Haus mit allen möglichen Objekten auszustatten, bis zur Grenze der inneren Vermüllung. Die Leere als innerer Zustand ist freilich metaphorisch zu verstehen: Es heißt nicht, im Sinne des Feng-Shui sich von allen möglichen äußeren Objekten zu trennen. Das kann auch Ausdruck inneren Freiwerdens sein, muss es aber nicht. Unser Ich braucht ein gewisses Maß an äußeren Objekten. Sehr treffen drückt das der Apostel Paulus aus, wenn er sagt »besitzen, als besäße man nicht«. Um die Leere des Hauses zu erleben, müssen wir uns nicht von allen Objekten trennen, die uns umgeben, wenngleich manchmal die äußere Trennung einen inneren Vorgang ausdrücken kann. Die Fülle der Leere...

5. Zu innerer Versöhnung finden

Der psychotherapeutische Weg

Nach den spirituellen Zugängen zur Erforschung des Selbst im bisherigen Teil geht es nun um den psychotherapeutischen Zugang, und zwar unter dem Gesichtspunkt der Versöhnung mit sich selbst. Ich möchte aufzeigen, wie ein Mensch zur inneren Versöhnung finden kann, dessen Leben durch Verletzungen und Mangelerfahrungen, durch Hemmungen, Ängste, Selbstzweifel und Lebensverbote eingeschränkt ist. Allgemein gesagt besteht der Weg der Psychotherapie darin, dass ein leidender Mensch heilende und verändernde Erfahrungen mit einem anderen Menschen, dem Therapeuten, oder im Fall einer Gruppentherapie, mit den anderen Mitgliedern einer Gruppe macht. Dieser Weg zielt ab auf die Wiederherstellung und Heilung eines in seinen Funktionen eingeschränkten oder beschädigten Ichs. Dies geschieht in Abgrenzung zum spirituellen Vorgehen, welches zwar auch auf die Minderung von Leiden abzielt, aber eben durch eine innere Befreiung von den begrenzenden Gegebenheiten menschlichen Daseins. Dieser übergeordnete Zusammenhang menschlichen Lebens ist nicht das Thema der Psychotherapie, der es um Heilung und Besserung der Symptomatik geht. Demgegenüber zielt Spiritualität ab auf Heil und Erlösung ab. Wenn man beide Zugangswege in ihrer Differenz erkennt und akzeptiert, können sie sich gegenseitig befruchten und in ihrem Miteinander förderlich auswirken. Ich wähle als Beispiel für den therapeutischen Weg das Thema »zur inneren Versöhnung finden«, weil sich daran auch die gegenseitige Bereicherung von spirituellen und therapeutischen Zugängen und Verständnisweisen zeigt.

Verletzungen wahrnehmen.

Um mit sich vertraut zu sein, bedarf es auch der Fähigkeit, die dunklen oder beschädigten Seiten der eigenen Person wahrzunehmen. Dazu zählen vor allem seelische oder körperliche Verletzungen, Mangelerfahrungen und Kränkungen, die uns in unserer Lebensgeschichte und unserer Kindheit zugefügt wurden. Neben äußerer, körperlicher Gewalt durch Unfälle und Katastrophen gibt es Gewalt durch Menschen – wie etwa im körperlichen und sexuellen Missbrauch. Und es gibt seelische Verletzungen durch Beziehungen, näherhin durch missbräuchliche und funktionalisierende Beziehungen. Weil wir psychisch angewiesen sind auf andere Menschen, die uns Resonanz und Anerkennung geben und Bindung ermöglichen, führen deren Verweigerung durch »falsche« Beziehungen zu seelischen Verletzungen, die sich in einem eingeschränkte und gehemmten Ich ausdrücken.

Die früheste und grundlegendste Beziehung ist die zwischen Mutter und Kind. Sie bewirkt, dass bestimmte Muster auf dem Weg der Verinnerlichung durch das Kind dessen Grundgerüst der innerseelischen Architektur ausmachen. Da die Mutter-Kind-Beziehung immer von Einseitigkeiten und Mängeln begleitet ist, geht in der Regel die ursprüngliche Ganzheit des inneren Kindes durch Spaltung verloren. Zu dieser Ganzheit gehören die jeweils polar aufeinander bezogenen Grundbedürfnisse wie der Wunsch nach Nähe und Distanz, das Bedürfnis nach Autonomie und Abhängigkeit, nach Autarkie und Versorgt-Werden, nach Aktiv-sein und Passiv-Sein. Oft werden diese gegenpolig zugeordneten Bedürfnisse gespalten und die Bezogenheit in einen Gegensatz verwandelt. Daraus ergibt sich dann die spätere Lebensaufgabe jedes Menschen, nämlich die gegenpolige ganzheitliche Bezogenheit wieder zu finden.

Die verlorene Ganzheit wiederfinden

Machen wir uns bewusst, dass es am Beginn des Lebens die spezifischen Handlungsangebote der Mutter sind, die dazu führen, dass bestimmte Verhaltensaspekte des Säuglings und des Kleinkindes gefördert und andere, weil sie nicht erwünscht erscheinen, vernachlässigt werden. Die Vereinseitigung geht also zunächst von der Mutter aus: Sie selbst war ja auch einmal ein Kind und hat erfahren, dass bestimmten Eigenschaften erwünscht und andere missbilligt wurden. Wenn z. B. die Mutter selbst sehr bedürftig ist und unbewusst ihr Kind weniger also eigene Person, sondern als einen Teil von sich selbst wahrnimmt, dann wird sie die Bewegungen ihres Kindes, die es von ihr fortführen, seine Eigenaktivität und Neugier, als für sich bedrohlich erleben und dem Kind signalisieren, dass es nicht gut ist, so aktiv und selbstständig zu sein. So erfährt der Pol »aktiv-selbstständig« in der Polarität von aktiv-passiv weniger Förderung zugunsten eines eher passiv-abhängigen Verhaltens. In seinen späteren Beziehungen wird dieses Kind auf die berechtigten Autonomie- und Abgrenzungswünsche anderer Menschen oder denen des Partners mit Angst vor Verlust der Beziehung reagieren. Die Folge ist, dass die berechtigten Distanzwünsche des anderen als Zurückweisung der eigenen Person erlebt werden und zu einem anklammernden Verhalten führen kann, worauf dann der Andere mit erneutem Rückzug reagiert, weil er sich vereinnahmt fühlt: der Teufelskreis der Angst und der Abwehr dieser Angst schließt sich!

Da keine Mutter so vollständig ist, dass sie ihrem Kind nicht eine bestimmte Einseitigkeit zufügen würden, ist es also der Normalfall, dass das innere Kind in uns Spuren dieser Einseitigkeit im Sinne einer verlorenen gegenpoligen Ganzheit in sich trägt. Darin besteht der Mangel, den uns jede noch so gute Erziehung zufügt.

Beziehungsmissbrauch

Schauen wir uns die heute sehr häufig auftretenden seelischen Verletzungen durch Beziehungsmissbrauch an. Besonders oft werden Kinder heute als Ersatzpartner eines Elternteils »benutzt« oder geraten in die Rolle, für einen oder beide Eltern selber mütterliche oder väterliche Fürsorge zu übernehmen. Dies geschieht vor allem dann, wenn die Eltern selber nicht ganz erwachsen geworden sind, um für sich sorgen zu können. In diesen beiden Formen – Ersatzpartner oder Ersatzeltern zu sein – wird dem Kind die ihm zukommende Position als Kind aberkannt.

Die innerseelischen Folgen können immens sein: Auf der einen Seite wird der Narzissmus des Kindes bedient, weil es sich großartig fühlt, für einen Elternteil so wichtig zu sein, wenn es für ihn sorgt oder wie ein Ersatzpartner eine besondere emotionale Bedeutung erhält. Anderseits wird ein solches Kind entwertet, weil ihm seine Rolle als Kind streitig gemacht wird.

Da das Kind möchte, dass die Eltern glücklich sind, übernimmt es, wenn die Eltern nicht gut für sich selbst sorgen, die Verantwortung für sie. Es fühlt sich zuständig für deren Unglück und deren Unzufriedenheit und passt sich stark den Bedürfnissen der Eltern an. Dadurch verliert das Kind den Kontakt zu sich selbst. Seine Selbstlosigkeit wird durch das Gefühl belohnt, etwas Besonders zu sein, aber die Verleugnung eigener Bedürfnisse bleibt nicht ohne Folgen. Später als Erwachsene werden sie sich schämen, wenn sie mit ihren »kindlichen« Bedürfnissen und ihren berechtigten Wünschen nach Abgrenzung und Für-sich-selbst-sorgen in Kontakt kommen.

Diese zwiespältigen Erfahrungen führen zum Aufbau gespaltener Beziehungsmuster nach dem Muster des »Entweder-oder«: Wenn sich ein mit diesen zwiespältigen Erfahrungen ausgestattetes Kind später als Erwachsener seinen eigenen Bedürfnissen zuwendet, fühlt es sich egoistisch und schuldig; wenn es sich dem anderen zuwendet, verrät es seine eigenen Bedürfnisse. Dieses Dilemma zwingt das Kind, sich entscheiden zu müssen: Entweder *für sich*, dann wird es dem Anderen nicht gerecht, oder für den Anderen, dann verrät es sich selbst. Dieses Dilemma führt zur Ambivalenzspaltung und zur Ausbildung einer Persönlichkeit, die nach dem Entweder-oder-Prinzip funktioniert.

Gespaltene Beziehungsmuster

Entweder fühlt sich ein solches Kind großartig oder es macht sich selbst klein. Die verinnerlichten, unklaren und missbräuchlichen Beziehungsverhältnisse führen zur Selbstidealisierung des Kindes und zur Verfestigung des Idealichs bei gleichzeitiger Entwertung ihres eigenen Selbst. Die Folge ist, dass sie auf der einen Seite eine idealisierte Größenvorstellung von sich selbst entwickeln (»ich kann alles sein«) und auf der anderen Seite ständig von der depressiven Selbstentwertung (»ich genüge niemand« und »ich bin niemand« oder »ich bin falsch«) bedroht werden. Letzteres führt zu Schamgefühlen, die sich aus der verinnerlichten Vorstellung, falsch zu sein, ergeben. Werden diese unerträglich, können sie sich in aggressiven Impulshandlungen entladen, die wiederum zu neuen Selbstentwertungen und Beschämung führen.

Entscheidend ist dabei, dass bei beziehungsmissbrauchten Kindern das Gefühl der Auserwähltheit (»ich bin etwas ganz besonderes«) gespalten wird von seinem Gegenpol, ein normaler und begrenzter Mensch zu sein. Der abgespaltene Teil entfaltet seine destruktive Wirkung etwa in Form von depressiver Selbstentwertung (»was bin ich denn schon«) oder in der projektiven Entfernung dieses abgespaltenen Teils aus dem eigenen Selbst in Richtung auf »Sündenböcke«, die verfolgt und bekämpft werden.

Durch Trauer Ambivalenztoleranz entwickeln

Heilung von diesen gespaltenen Entweder-oder-Mustern besteht im Erwerb der Fähigkeiten, beide Seiten in sich, also Ambivalenz, zu akzeptieren. Ambivalenztoleranz entsteht dadurch, dass man auf eine Person hin sowohl zärtlich-liebvolle als auch feindselige Gefühle haben darf. Die Person, an der sich ambivalente Einstellungen ausbilden, ist zunächst die Mutter, von der man – bildlich gesprochen sagen kann, dass sie zwei Brüste habe, eine gute und nährende und eine böse und versagende. Die gute und befriedigende Seite der Mutter wird geliebt und die versagende böse Seite wird gehasst. Liebe und Hass sind also miteinander verbunden, vernetzt und so verknüpft, dass das eine ohne das andere nicht zu haben ist. Sie sind komplementäre Aspekte desselben Phänomens.

Das Kind lernt unter günstigen Bedingungen, dass es den Ärger über die Anteile der Mutter, die nicht befriedigend sind, durch Trauer bewältigt, d. h. akzeptieren lernt, dass es neben der guten eben auch die versagende Mutter gibt. Dabei braucht das Kind Unterstützung, um die versagenden Teile der Mutter zu betrauern. Bleibt diese aus, entsteht keine Ambivalenztoleranz mit der Folge der Projektion des abgespaltenen Teils auf andere Personen (vgl. die Ausführungen zur Projektion im vorherigen Kapitel). Hintergrund ist eine dynamisch wirksame Paradiesesphantasie, die den Mangel an erfahrener Mütterlichkeit, den Mangel an Resonanz und Anerkennung ausgleichen soll. Die Gefahr ist dabei, dass diese Phantasie Hass und Gewalt gebiert, wenn die Paradieseswünsche offenbleiben und starker Mangel erlebt wird. In einer gesunden Entwicklung wandelt das Kind die erlebte Wut über den Mangel in Trauer um. Dies geschieht unter dem Druck der Angst, den guten Teil der Mutter zu verlieren oder diesen durch seine Wut zu zerstören. Deshalb ringt das Kind mit der Aufgabe, die gute Mutter als schützendes gutes Objekt im Inneren zu bewahren.

Gelingt dies, wird die Mutter nicht mehr gespalten, sondern als eine einzige und ganze Person mit zwei Seiten, der guten und näh-renden und der bösen und versagenden, erlebt. Dabei mischen sich Liebe und Hass, weil beide Strebungen an einem Objekt erlebt wer-den, Dabei kommt es zur Mäßigung der feindseligen und aversiven Gefühle gegenüber der Mutter, um diese als gutes inneres Objekt zu schützen, da das Kind ja auf sie angewiesen. Trauer ist also die Form, Gewalt, Hass und Destruktion zu überwinden. Deren Frucht ist, die Mutter in beiden Teilen, den nährenden und den versagen-den Aspekten zu sehen, mithin Ambivalenz zu ertragen.

Leiden können

Man kann also sagen, durch Leiden an der Begrenztheit der Mutter entsteht Heilung im Sinne der Fähigkeit, Ambivalenz, also beide Seiten der Mutter, zu ertragen. Es mag verwundern, dass der Fä-higkeit, leiden zu können, eine so positive Bedeutung beigemes-sen wird. Deshalb dazu ein paar klärende Gedanken. Die hier ge-meinte Leidensfähigkeit hat nichts zu tun mit falsch verstandener Unterwürfigkeit, sie ist kein Masochismus, der aus Gründen der Luststeigerung den Schmerz sucht. Gemeint ist auch kein Leiden aus Schwäche, sondern ein positives, starkes Akzeptieren der Be-grenztheit der Welt. Die Fähigkeit zu leiden ist die adäquate Antwort auf den Mangel, den uns am Anfang des Lebens auch eine so gute und bemühte Mutter zumutet. Weil wir Menschen immer mehr Wün-sche und Bedürfnisse haben als eine noch so gute Umwelt je er-füllen kann, gehört das Leiden an der Unerfüllbarkeit aller Wünsche zu einer Grundfähigkeit des Menschseins. Wir könnten hier von einem konstitutionellen Mangel sprechen, den unser Menschsein ausmacht. Keiner leidet gerne, wir erfüllen uns lieber den Wunsch nach Glück im Sinne der Leidensfreiheit. Zwischen beiden Polen, dem Glücklich-sein-Wollen und der Leidensfähigkeit, vollzieht sich die Lebensarbeit des Menschen. Die Anerkennung dieser Polarität ist deshalb ein zentrales Merkmal einer passenden gefühlsmäßigen und verstandesmäßigen Einstellung zur Wirklichkeit, weil diese eben nicht mehr das verloren Paradies darstellt, sondern uns die Vertreibung aus dem seligen Garten Eden des Paradies zumutet. Diese Einstellung willigt ein in den Verzicht auf eine gewünschte vollkommene Welt, die frei ist vom Bösen, von Hass und Gewalt, von Begrenztheit, Leiden und Tod. Diese Fähigkeit ist an die Bereitschaft des Individuums gebunden, zu leiden und das Leiden als eine Grunddimension des Menschseins zu akzeptieren. Umgekehrt führt die Unfähigkeit zu leiden zu Angst, Hass und Wut, zu Erstarrung, Rigidität und Spaltung. Leiden können ist deshalb eine Voraussetzung von Humanität und Entwicklung, weil sie den entscheidenden Schritt beschreibt, der herausführt aus dem Teufelskreis von Hass und Gewalt und damit der natürlichen Mangelsituation des Menschen gerecht wird.

Enttäuschungen verarbeiten

Ein weiterer Aspekt des produktiven Leidens ist die Fähigkeit zur Enttäuschungsverarbeitung. Dadurch wird aus einer nicht vollkommenen Welt eine humane Welt. Weil auch Enttäuschung zu erleben kein angenehmes Gefühl ist, gibt es verschieden Abwehrformen gegen das Zulassen von Enttäuschung. Eine Form gegen der Enttäuschungsabwehr ist das Ideal der Selbstgenügsamkeit, bei dem sich die eigene Bedürfnislosigkeit zu einem starren Panzer ausgewachsen hat. Um nicht wieder enttäuscht zu werden, verzichtet ein Mensch lieber auf seine Wünsche und trägt das Ideal der Bedürfnislosigkeit vor sich her. Was in der Kindheit eine missbilligende und beschämende Antwort der Eltern auf die Wünsche des Kindes war, wird zu einer unproduktiven Abwehr von Leiden an den eigenen Wünschen, die jede Erfüllung ausschließt. Auch darauf bezogen gilt das bekannte Wort Freuds, dass wer leidet, es noch zu etwas bringen kann.

Aggressionen verstehen

Neben dem Rückzug in die Selbstgenügsamkeit ist die aggressive Reaktion auf eine enttäuschende Situation eine weitere Abwehrmaßnahme. Alles, was der Befriedigung im Wege steht, wird aggressiv verfolgt und zu beseitigen gesucht. Dies kann sich steigern bis zur terroristischen Gewalt, die alles weg bombt, was sich dem phantasierten Paradies in den Weg stellt.

Positive Enttäuschungsverarbeitung besteht demgegenüber im Abschied-Nehmen vom Paradies. Der damit verbundene Affekt der Trauer ist das kreativste, was Menschen tun können. Trauern gelingt, wenn die guten inneren Erfahrungen mit der Mutter als innerem Objekt zu Verfügung stehen, welche Sicherheit geben und helfen kann, die negativen Erfahrungen zu benennen, ohne von ihnen ganz besetzt zu sein. Solche Trauerarbeit setzte die Fähigkeit des Leidens voraus: »Wer nicht leiden will, muss hassen«, wie es Horst Eberhard Richter 1993 in einem Buchtitel seiner Werke ausdrückte. Leiden können in diesem Sinn ist freilich zu unterscheiden vom Masochismus als der Unterwerfung unter das Leiden. Leiden im hier genannten Sinne wäre die Form, den Mangel der Schöpfung zu akzeptieren statt ihn zu suchen.

Schuldfähig sein

Ein Indikator dafür, dass ein Mensch die destruktive Spaltung in Gut und Böse überwunden und Ambivalenztoleranz erreicht hat, ist die Bereitschaft zur Akzeptanz von Schuld. Schuld entsteht in dem Augenblick, in dem die guten und bösen Anteile einer Person in eins fallen. Da die guten und die bösen Anteile Liebe und Hass entzünden, bedeutet das auch, dass diese beiden Gefühle, Liebe und Hass, sich verbinden können und sich auf eine Person beziehen. Konkret: Wenn die versagende und befriedigende Seite der Mutter vom Kleinkind als zwei Aspekte der einen Mutter erlebt werden können, wird diese Ambivalenz der Mutter ins Selbstbild des Kindes aufgenommen. Die Folge ist, dass das Kind später die dunkle und die helle, die »gute« und die »böse« Seite in sich vereinen kann. Ist es nicht zu diesem Integrationsschritt gekommen, werden alle dunkel und »bösen« Anteile auf andere übertragen und diese zu Sündenböcken gemacht. Diese Objektkonstanz ermöglicht die Akzeptanz der Tatsache, dass jeder Mensch neben guten und hellen auch böse und dunkle Seiten hat.

Der Weg zu dieser Akzeptanz ist ein weiter, vor allem wenn verletzende Kindheitserfahrungen den Hintergrund bilden und ein Kind wenig Unterstützung erfahren hat bei dem Versuch, enttäuschende Erfahrungen zu integrieren. Dabei hilft es auf dem Weg zu innerer Versöhnung wenig, wenn ihnen nahestehende Menschen sich nur mit den Verletzungen identifizieren und sie bedauern. Schon gar nicht sollte man ihnen das Schuldgefühl ausreden. Dann bleibt die Spaltung erhalten, weil der Betroffene nicht erleben kann, dass er selbst eben auch andere Seiten in sich hat. Dafür Verantwortung zu übernehmen heißt auch, sich als jemand erleben zu können, der auch dunkle Seiten in sich trägt, Fehler macht und schuldig wird.

Mit diesem Schuldig-Werden ist keine moralische Schuld gemeint, sondern eine andere, dieser vorausliegenden existentielle Schuld, die nichts mit Gut und Böse zu tun hat. Im Deutschen haben wir für beide Schuldarten nur diese eine Wort »Schuld«, die lateinische Sprache ist hier differenzierter: Sie unterscheidet zwischen »culpa« und »debitum«. Während mit culpa die moralische Schuld einer bösen Tat gemeint ist, bezieht sich debitum auf eine Schuld, die am ehesten mit Mangel oder etwas Fehlendem zu übersetzen wäre. Der Begriff stammt ja aus dem Geldverkehr und wird übrigens im »Vaterunser«-Gebet benutzt, wenn es heißt »...und vergibt uns unsere Schuld (debita) wie auch wir vergeben unseren Schuldigern (debitoribus)«. Diese Art von Schuld erzeugen wir einfach dadurch, dass wir leben: Wir nehmen der »Welt« etwas weg, wenn wir atmen, essen, trinken, etwas erwerben usw. Auf diese Weise erzeugen wir etwas Fehlendes, ein debitum, ohne dass wir etwas im moralischen Sinn etwas Böses getan hätten. Es gehört einfach zum Menschsein, in diesem ursprünglichen Sinn schuldig zu werden. Dies zu akzeptieren ist oft ein lebenslanger Prozess, weil er voraussetzt, die Welt und die Schöpfung zu sehen als Orte, die einen Mangel aufweisen und wir nicht, wie etwa Triere, die durch Instinkte gesichert sind, »unschuldig« zu leben vermögen.

Ödipus als Modell von Versöhnung

Ein Beispiel für das Akzeptieren diese schuldlosen Schuldigwerdens und für die Bewältigung dieser tragischen Schuld liefert der alte Stoff des Ödipus-Mythos. Dieser ist ja auch durch Freuds Psychoanalyse so bekannt geworden, weil Freud annahm, die Triebausstattung (Aggression und Sexualität) treibe Ödipus zu Vatermord und Mutterinzest. Demgegenüber sehen wir heute, – was Freud übersah – dass Ödipus selbst Opfer von Missbrauch gewesen ist: seine Eltern Laios und Jokaste durchbohrten ihm als Säugling die Füße und ließen ihn im Wald aussetzen. Die Eltern waren selbst beziehungsmissbrauchte und traumatisierte Kinder, denen das Orakel von Delphi verboten hatte, eigene Kinder zu zeugen, über das sich beide hinwegsetzen. Ödipus und Jokaste stehen somit in einer transgenerationellen Kette von Unheil und Gewalt. Ödipus wird nun selbst zum Täter, indem er, unbewusst seinen Vater bei einem Konflikt an einer Wegkreuzig tötet und danach, als er das Rätsel der Sphinx gelöst hat, König von Theben und damit Gatte seiner Mutter wird. Nach der Aufdeckung der Verbrechen, Vatermord und Mutterinzest, durch den blinden Seher Theiresias blendet sich Ödipus selbst, indem er sich die Augen aussticht mit der Spange vom Kleid seiner Mutter, die sich zwischenzeitlich erhängt hatte. Nun beginnt für Ödipus, den Erblindeten, ein Prozess, in dem er die Augen nach innen öffnet, seine eigene Verstrickung und seine Traumatisierung erkennt und dennoch Verantwortung für seine Taten übernimmt, obwohl er doch unbewusst, ohne Absicht und ohne Wissen, so gehandelt hat.

Das ist das besondere an Ödipus: Er stilisiert sich nicht zum Opfer, er übernimmt Verantwortung für seine Taten als Erwachsener, obwohl andere ihn in seiner Kindheit traumatisiert haben. Ödipus findet zur Versöhnung, weil er durch Selbsteinsicht seine Wahrheit akzeptiert. Statt projektiv anderen die Schuld zu geben, also seinen Eltern, übernimmt er Verantwortung und betrauert seine Handlungen. Diese Leidensfähigkeit führt ihn zur inneren Versöhnung mit seiner Schuld und seinem Schicksal.

Versöhnung gegen Verleugnung

Versöhnung steht gegen die Verleugnung, gegen die Projektion der Schuld und überwindet so die Opferposition. Im Ödipus-Drama gibt es am Ende kein Strafgericht und keine Vergeltung, wohl aber eine vertiefte Selbsteinsicht. Deswegen ist die innere Auseinandersetzung mit den Verwicklungen und Verletzungen der eigenen Lebensgeschichte so wichtig, die wir zu akzeptieren haben, obwohl andere sie uns zugemutet haben. Es ist wie die Quadratur des Kreises. Ödipus musste für seine Taten, Vatermord und Mutterinzest, einstehen, obwohl er als traumatisiertes Kind Opfer war. Indem er seine tragische Schuld anerkennt, wird er versöhnt mit seinem Schicksal. Dieser Aspekt ist sehr zentral in der Heilung von Beziehungsmissbrauch, körperlicher und sexueller Gewalterfahrung. Wenn der Traumatisierte nicht schuldfähig wird, sondern sich immer nur als Opfer sieht, dann bleibt er in der Verletzung stecken und »bewältigt« sie durch Projektion von Gewalt und Hass, die er entweder gegen andere oder gegen sich selbst richtet in Form etwa von Depression und Selbstentwertung. Er findet dann nicht zur inneren Versöhnung, sondern bleibt im Kreislauf von Vergeltung und Projektion stecken.

Die Gefahr zu schnellen Vergebens

Zur Dynamik von innerer Versöhnung, wie sie bei Ödipus anklingt, lässt sich festhalten: Versöhnung ist nicht dasselbe wie Vergebung. Versöhnen bedeutet ein innerliches Akzeptieren der Bedingungen, unter den ein Mensch groß geworden ist. Das bedeutet, auch die eigenen Eltern oder andere, die uns innere Wunden zugefügt haben, so zu sehen, dass auch sie Manifestationen des einen Lebens sind und sich ihrem Sein nach nicht von uns unterscheiden. Im Vergeben hingegen würden wir sie letztlich freisprechen von dem, was so verletzend war. Damit würden wir jedoch die Position der Funktionalisierung durch die Eltern fortsetzen, weil wir uns in eine überlegene Position ihnen gegenüber begeben würden. Dazu kommt, dass Vergeben den Anschein erwecken könnte, als konnten wir anderen Verantwortung abnehmen für das, was sie selbst zu verantworten haben. Aber diese Verantwortung bleibt bestehen, auch wenn es zur Versöhnung kommt. In der Versöhnung wird nichts vergeben und vergossen, sondern es wird etwas akzeptiert und jeder muss seine Verantwortung übernehmen für das, was war. Das ist sehr viel, weil erst jetzt die Möglichkeit entsteht für eine neue Verbundenheit in der Einheit des Seins

Es gibt eine weitere Form, die dem Akzeptieren von Verletzung und der Umwandlung von Hass und Gewalt entgegenwirkt: das zu schnelle Verzeihen und Vergeben. Diese ist letztlich eine weitere Form der Schuldvermeidung und der Beibehaltung der Opferrolle. Wie zu schnelles Vergeben die innere Heilung und damit eine nachhaltige friedvolle Haltung blockieren kann, möchte ich im nächsten Abschnitt zeigen.

Oft versuchen Opfer von Beziehungsmissbrauch und Gewalt dadurch inneren Frieden zu finden, dass sie den Tätern vergeben wollen. Die Vergebung kann einerseits Ausdruck einer inneren Versöhnung sein und bildet dann den Schlusspunkt einer langen Auseinandersetzung und Bemühung um Wiedergutmachung. Es besteht aber andererseits die Gefahr einer nur scheinbaren Vergebung, weil mit der voreiligen Vergebung auch die Anerkennung der Wahrheit einer Tat geleugnet wird. Dadurch wird die Verantwortung für Beziehungsmissbrauch und Gewalt nicht dem zurückzugeben, der sie zu verantworten hat, sondern der eigenen Person zugeschrieben. Diese zu schnelle Verantwortungsübernahme ist ein verständlicher, aber untauglicher, weil zu früher Schritt, die guten Aspekte der Täterperson sich zu bewahren. Diese sollen ja durch das Vergeben gerettet werden. Dieser Wunsch, den guten Teil eines Täters zu bewahren, besteht meistens dann, wenn es sich um einen Elternteil oder einen nahestehenden Menschen handelt. Kompliziert wird eine solche Vergebungsbemühung auch dadurch, dass sich das Opfer wegen der zu frühen Vergebungsbereitschaft in ihrer Großherzigkeit eine narzisstische Belohnung ausstellt und sich damit einen fragwürdigen Dienst erweist. In der Arbeit mit traumatisierten Menschen dauert es lange, bis nach vielen Sitzungen des Durcharbeitens die Wut auf die Täter Raum bekommt. Erst danach stellt sich oft die Veränderung ein. Die Wut hilft bei der Anerkennung dessen, was jeweils geschehen ist. Dieses zu akzeptieren, führt dann in einem weiteren Schritt zur Versöhnung. Versöhnung ist Wiedergutmachung am eigenen Selbst, sich auch in den aggressiven Seiten zu akzeptieren. Zu schnelles Vergeben kann demgegenüber heißen, die Tat zu verleugnen, also die fehlende Anerkennung wieder zu reproduzieren.

Jedes Opfer von Funktionalisierung oder Gewalt strebt nach Wiedergutmachung als Form, den inneren Frieden zu finden. Wiedergutmachung entsteht aus dem oben erwähnten Drang, den guten Teil der Person, die der Täter war, für sich zu bewahren. Dies ist meistens dann der Fall, wenn der Täter aus der Familie stammt oder es sich um eine andere idealisierte Person handelt wie Lehrer oder Geistliche. Um den guten und liebenswerten Teil einer nahestehenden, aber gewaltsam und grenzüberschreitend handelnden Person für sich zu retten, hemmt das Kind seine Aggression gegen die bösen Täteranteile z. B. eines Elternteils. Wenn es jedoch gelingt, den bösen Teil der Täterperson vom guten Teil zu trennen, bedeutet diese innere Differenzierung auch die Versöhnung mit sich selbst. Denn jetzt kann sich das Opfer auch als jemand sehen, der zwei Seiten hat, also weder ausschließlich das ganz und gar unschuldige Opfer ist, noch jemand, der selbst an allem schuld ist.

Zu schnelles Vergeben würde die Spaltung aufrechterhalten. Der Philosoph Paul Ricoeur unterscheidet eine »bewahrende Form des Vergessens« von einem »zerstörerisches Vergessen« Letzteres löscht die Vergangenheit aus mit der Folge, dass sie zur ewigen Gegenwart wird. Das ist ja das Dilemma von traumatisierten Menschen, dass das Trauma nicht erinnert wird, d.h. es bleibt Gegenwart. Das Täter-Introjekt wirkt in der Gegenwart fort. Im bewahrenden Vergessen wird vergessen, um sich zu erinnern, d.h. der Tat wird die energetische Besetzung entzogen.

Beim Verzeihen oder Vergeben ist es ähnlich. Ein zu schnelles Verzeihen geschieht aus Selbstgefälligkeit und dient dem eigenen Großartigkeitsgefühl. Verzeihen und Vergeben kann die Tat auf magische Weise ungeschehen machen. Deshalb macht es einen Sinn, statt von Vergebung von Versöhnung zu sprechen als Form der Wiedergutmachung. Denn Versöhnen beruht auf wechselseitiger Anerkennung. Es ist durch die Erfahrung von Trauer und Schuld hindurchgegangen, an dessen Ende ein inneres Akzeptieren steht mit dem, was geschehen ist. Wohlgemerkt: Akzeptieren heißt nicht gutheißen, sondern hinsehen und die Augen nicht verschließen. Diese Versöhnt-Sein ist das Ergebnis innerer Wiedergutmachung an sich selbst.

Bei dieser Lebensarbeit der Versöhnung mit dem eigenen Schicksal kommt man immer wieder mit den alten Wunden in Kontakt und denkt vielleicht: »Kann denn nicht mal endlich Schluss sein damit!« So verständlich der Wunsch nach einem Schlussstrich ist, so unproduktiv ist er auch. Denn wir spüren immer wieder die alten Verletzungen. Ich erinnere an das oben erwähnte Bild einer nach oben drehenden Spirale: Es ist zwar die gleiche Stelle, die immer wieder schmerzt, aber es ist ein höheres Niveau und jemand kann jetzt anderes mit der Erinnerung an eine Verletzung umgehen. So wird z. B. wird die Anhaftung an sie geringer, sodass wir nicht immer einen neuen Film daraus machen müssen, sondern sie begrenzen und realisieren, dass es neben der Verletzung auch noch etwas anderes gibt.

Selbstsorge als Form der Wiedergutmachung

Versöhnung heißt akzeptieren, was war und dafür sorgen, dass es sich nicht wiederholt. Dies geschieht vor allem in der Selbstsorge als Form der Wiedergutmachung. Diese richtet sich weniger auf ein Objekt, sondern auf das eigene Selbst. Diese Wiedergutmachung an sich selbst kann heißen, sich selbst ein guter Vater und eine gute Mutter zu sein, obwohl man sie vielleicht früher entbehren musste. Diese Art von Wiedergutmachung als Voraussetzung für inneren Frieden bedeutet, sich selbst zu schützen, das eigene Leben zu entfalten und auf Rache an denen, die es einem eingebrockt haben, zu verzichten. Dieser Verzicht wird möglich, wenn es gelingt, die mentale Anhaftung an die Vergangenheit aufzugeben. Dies ermöglicht dann die Erfahrung, in der Gegenwart ein Mensch zu sein, der ganz und vollständig ist, neugierig und fähig zu neuen Lebensschritten, statt immer nur das Vergangene zu wiederholen. So wächst der innere unzerstörbare Kern unseres Selbst und stärkt die Gewissheit, widrige Lebenserfahrungen besser meistern zu können.

Damit komme ich auf den Anfang zurück, bei dem die Erforschung des Selbst seinen Ausgang nahm. Die spirituelle Gewissheit von der Unzerstörbarkeit eines inneren Kerns entbindet nicht von der Arbeit an den seelischen Voraussetzungen für die Erreichung inneren Friedens. Diese lassen sich zusammenfassend so beschreiben: Innerer Frieden setzt eine gewisse Schmerz- und Leidensfähigkeit voraus. Leiden an der Begrenztheit des Lebens ist die Voraussetzung, Freude und Erfüllung zu finden. Frucht sind Dankbarkeit als Zulassen des Gefühls, die Welt nicht unter eigener omnipotenter Kontrolle zu halten, sondern sich abhängig zu fühlen und die positiven, unbeschädigten Aspekte aktivieren zu können. Eine friedvolle, versöhnte Haltung bedeutet also, inneren Frieden mit den Verletzungen gefunden zu haben durch eine Haltung der Benennung und Akzeptanz, wie es war. Diese setzt Ambivalenztoleranz voraus, dass die eigene Lebensgeschichte, das eigene Selbst und andere Menschen zwei Seiten in sich haben. Dies zu bejahen wäre eine Form, die heilsame Vertreibung aus dem Paradies innerseelisch zu akzeptieren, statt dies durch Hass und Gewalt zu »bewältigen«.

Versöhnung steht gegen die Verleugnung, gegen die Projektion der Schuld und überwindet so die Opferposition. Im erwähnten Ödipus-Drama gibt es am Ende keine Vergeltung, wohl aber eine vertiefte Selbsteinsicht. Deswegen ist die innere Arbeit so wichtig. Es ist wie die Quadratur des Kreises. Ödipus musste Verantwortung übernehmen, obwohl er Opfer war. Indem er seine Schuld anerkennt, wird er versöhnt mit seinem Schicksal. Dieser Aspekt ist sehr zentral in der Heilung von Missbrauch und Gewalt.

Das gilt aber auch für die Verletzungen, die jeder Mensch durch sein eigenes Schicksal in sich trägt, ohne dass es sich dabei um Traumatisierungen im engeren Sinne handelt. Diese zu akzeptieren und aus deren Bewältigung Stärke und Kraft zu beziehen, wäre ein konstruktiver Umgang mit den Grenzen und Beschädigungen, die das Leben zumutet.

Mit sich vertraut und versöhnt sein

Ich hoffe, dass mit den letzten Gedanken deutlich geworden ist, dass Mit-sich-vertraut-Sein keine Flucht in einen paradiesischen Zustand ist, sondern das oft schmerzhafte Durcharbeiten von leidvollen Erfahrungen einschließt. Mit-sich-vertraut-Sein ist eine Form, gegen die Verdrängung zu leben und schmerzempfindlich zu werden. Es gibt einen Teil unserer Person, das Ich, welches nie ganz mit sich vertraut sein kann, und es gibt einen Teil, das Selbst, das immer schon mit sich vertraut ist. Fremdheit und Gewissheit sind die beiden Polen, die sich bedingen und das Ganze unserer Person ausmachen. In diesem Spannungsbogen vollzieht sich unser Lebensweg.

In den hier genannten Veröffentlichungen des Autors finden sich für Interessierte Literaturhinweise und vertiefte Ausführungen.

Funke, Dieter (2006), Die Dritte Haut. Psychoanalyse des Wohnens, Gießen: Psychosozial-Verlag.

Funke, Dieter (2011), Ich – eine Illusion? Bewusstseinskonzepte in Psychoanalyse, Mystik und Neurowissenschaften, Gießen: Psychosozial-Verlag.

Funke, Dieter (2013), Emanzipation und Gegenwärtigkeit. Die Odyssee – psychoanalytisch und spirituell gelesen. Friedberg: Verlagshaus Schlosser.

Funke, Dieter (2019), Das Ozeanische Im Selbst. Die Bedeutung nondualer Bewusstseinszustände für die Psychotherapie, in: Pfeifer, Eric (Hg.): Natur in Psychotherapie und Künstlerischer Therapie, Bd 1, 311-329, Gießen 2019: Psychosozial-Verlag.

Funke, Dieter. (2019): Das Arbeitsmodell »Verschränkung« in der Psychotherapie, in: Pfeifer, Eric (Hg.): Natur in Psychotherapie und Künstlerischer Therapie, Bd. 1, 330-352, Gießen 2019: Psychosozial-Verlag.

Funke, Dieter/Paus, Renate M. (2019), Amor und Psyche. Das antike Märchen paartherapeutisch gelesen – tanztherapeutisch bewegt, Norderstedt: BoD.

Der Autor: Dr. theol. Dieter Funke ist Psychologischer Psychotherapeut und arbeitet als Psychoanalytiker und Gruppenanalytiker mit Einzelnen, Paaren und Gruppen in eigener Praxis in Düsseldorf. (www.**dr-dieter-funke**.de)